依存症からの脱出

酒を断つ！ そこにある苦しみと 喜びと――

直江文子

北辰堂出版

依存症からの脱出●目次

はじめに

縁あって私は、全日本断酒連盟の事務局に十数年にわたり勤務し、公益社団法人の認可を受けるお手伝いもさせていただきました。その間、多くのアルコール依存症者ご本人の方々から、またご家族のみなさまから、実はたくさんのことを学ばせていただいたことを思い起こします。

そしていつか、私なりに「依存症」について一冊を書きあげてみたい、あまりにも誤解と偏見に満ちている現実をお話ししたいと思い立ちました。それから六年を経て、多くの皆様のお力添えもいただいて、ようやくまとめあげたのがこの本です。

ついては、まず冒頭の章を、ある女性断酒会会員の壮絶な苦闘の記憶をたどっていただくことから始めたいと思います。実は彼女に、「仮名にして掲載するから……」と伝えたところ、「本名で出していただいてかまわない、それが断酒二十年、アメシストとしての私の使命でもあるのだから……」と、答えが返ってきました。ちなみにアメシストは「紫水晶」――転じて断酒会の女性会員を指します。

というわけで、まずは「依存の罠」の怖さから目をそらさないでいただきたいと願っています。

（直江文子）

アメシストとしての私の道標

池畑　寿江（兵庫県断酒連合会）

「お姉ちゃんが意識不明で生死をさまよっている時、真っ白な顔をした産まれての赤ちゃんみたいな顔してたんよ」

「お姉ちゃんは私の流産した赤ちゃんから命を貰ってるんよ……」

五つ年下の妹が私に言った。妹が流産をして、二日後に私が意識不明になったらしい。

幼少の時、母は父の酒害に苦しめられ、家の中は喧嘩が絶えなく、暗くて貧しく、子供心に惨めな感情に支配されて成長していく私。小学校に入学しても勉強机はない。服は親戚の子供のお下がりばかり。父は給料を飲み代に使い果たしたり、見知らぬ人におごったりと自分の格好付けのことばかりに給料を使っていた。

「こんな家、早く出て行ってやる！」

高校生になりバイトでお金を貯め始め、三年生になったころ事件を起こし退学になると同時に、実家を飛び出したのだった。

「お金をたくさん稼げる仕事って何だろう？」

神戸三宮で水商売に就き、酒を飲めばお金になる仕事に不思議な魅力を感じていた。父譲りなのか、よく飲め、酔い難い体質で、仕事明けから朝まであちこち飲み歩いた。ホスト遊びにお金をつぎ込んでいた。「私はお父さんとは違う。酒に飲まれない」――そんな信念を持っていた。

夜の仕事に就いてどれぐらいか経った頃、血尿が出たり、酒量が減っている。「あれ？　なんかオカシイ…」……そんな時に覚醒剤と出逢ってしまった。頭の先から足の指先まで風がサァ～っと通り過ぎ、神経が研ぎ澄まされ五感が冴えわたり、寝なくてもよい、食べなくてもよい、疲れを感じない、痩せる……。そんな魔力に心身が支配されるまで、アッと言う間だった。

五人家族の家計を支えるために、両親共働きというのはしかたのなかったことだった。

父は佐世保で仕事中に交通事故を起こし、アル中のお婆さんを死なせてしまい、佐世保で生活が出来なくなり、私が五歳の時に神戸に引越ししてきた。

父は中学まで神戸に住んでいて、『神戸は神の戸と書いて、何もない、災害もない所』と、佐世保から出るのを嫌がる母を説得し越してきた。でも阪神淡路大震災に遭い、怖い神戸になり、数年後、後悔することになった。

私は小・中・高と順調に進学し、ごく普通の高校生だった。高校二年頃から酒・煙草を覚え、ある日部室で喫煙し、ボヤを起こしてしまった。数人の友人といっしょに喫煙していたのだが、一年の時、教師に対する暴行事件を起こして無期停学になった前科があり、私だけが退学になったのだった。

断酒会例会の席で体験を語る池畑寿江さん。

ある日、両親は私の勤める店へ様子伺いにやって来た。酔客相手に、酔っ払った私が接客している姿を見た両親は、情けなかったに違いない。

看護師の母に、私が覚醒剤を打っていることがばれないか冷や冷やした。そんな母の「彼女の私生活には口を出しません」といった言葉に、逆に自堕落な生活をしていることを見透かされたと確信したのだった。

両親の推察は的中し、「あのとき無理やりでも引きずって帰っていればよかった」と後悔したそうだ。三ノ宮で独り住まいをしている私の部屋は汚れっぱなし、両親が掃除をして、食事を食べられるようにしてくれていたことを思い出す。

「近畿麻薬取締局からマークされている」と、その筋の人から耳打ちされた。麻薬業者へ出入りしている私の姿が写真に撮られていたという。

「なんとかしなければ！」と思案していた矢先、名案が浮かんだ。「国家公務員と結婚したらセーフ⁉」

数ヶ月後、神戸から逃げるように広島へ行き、公務員だった彼と同棲生活を経て結婚した。当時、私は二十二歳だった。

彼は仕事上（海上自衛隊）家を留守にすることが多く、残された私は寂しい生活に堪えられず、食事はせず、酒と薬物に溺れ、失禁・嘔吐を繰り返しては意識を失い、精神病院の入退院をくりかえしていた。いつしか精神病院が私の居場所になっていた。

結婚して一年も経たない時、入院中だった私は離婚されてしまった。

その離婚から六ヶ月過ぎた時、広島の病院から「暴れて困るから直ぐに連れに来てほしい」と実家に電話があり、両親はレンタカーを借りて、広島の病院へやってきた。

夕方まで両親は待ち、嫌がる私を車に押し込み、ロックが中から開かないようにして、夜の高速道路を神戸に向かって走らせた。私が途中で暴れ出し、何時間も傘をふりまわし、「降ろせ！」「止めろ！」「飛び降りる！」と猛攻撃していた。私が眠りはじめた間に、父は猛スピードで帰途を急いだ。

家に帰ってからしばらくは、両親は私を見張り、お金を持たせず、病院に連れて行っては、健康を取り戻せるようにと治療を受けさせてくれた。

その病院で断酒会を教えてもらい、親子三人で断酒会に出席するようになった。

人見知りが激しい母、人と会うのが嫌ではない父だったが、「家族ぐるみで頑張らないと！」と、仕事をやり繰りしながらの断酒会通い、それは想像以上に大変だったようだ。

一人で断酒会へ通いはじめて何ヶ月かが過ぎたころ、抗酒剤を服用していて酒を飲んだり、睡眠薬を多量に飲んだりするので、外科や内科や精神病院に入退院をくりかえしていた。「断酒会に通うのも良し悪しやなぁ」と、両親がこぼしていたのを思い出す。

兵庫県下の精神病院へ入院した時、問題を起こし強制退院になるようにと悪知恵を働かせたつもりが、逆に強制入院になり〝籠の中の鳥〟状態に陥った。しかたがない、その逆を狙って「真面目に入院生活を全うすればスムーズに退院できるのでは？」と、院外の断酒例会へも通い、兵庫県断酒連合会が開催する第一回一泊研修会へ院内生として参加した。その研修に出かけるバスの中で、現在の主人と出逢ったのだった。

その精神病院を退院して後、「断酒会に行く」と両親に嘘をついては金をもらい、彼の所へ通うようになってしばらくすると、また酒・覚醒剤を始めていた。断酒会から帰宅すると両親にハァ〜っと息を吹きかける。〝飲んでいないことの証〟を示すのを恒例としていたのだが、酒の臭いを消すために覚醒剤を口から服用する。腕に注射は跡が残るからと、舌の裏の血管に打つ。そのどちらかだった。「してやった」と、腹の中でせせら笑っていた。

両親は断酒会の方々と共謀し、酒・麻薬から引き離すために、私を香川県の精神病院へ入院させたりもした。

そんなふうに、どのような策を立てられても、退院すると元の木阿弥で、何かと理由をつけて母からお金を騙し取っては出かけ、帰宅しないこともしばしばだった。


そんな私が自宅へ戻らなくなって何日か過ぎた頃、病院から夜勤に出ていた両親の職場へ電話があった。

「娘さんはもうだめでしょう」と言われ、急いで病院へ駆けつけた二人は、ベッドで横になっている私の姿に愕然としたに違いない。

尿管を入れられ、激しい硬直痙攣の真っただ中で、それは数分間隔で始まったり、治まったりを繰り返し起こしていた。先生から「このまま治まらなければ手術用の筋弛緩剤を打ちます。ただこの注射は、施行中に呼吸が止まることがありますので、それは覚悟しておいてください」と言われるほどの状態になっていた。

母は「なんとかなりませんか？」とすがるように訴えたが、父は母に、もう諦めるように諭し続けたという。

数分後、先生から一枚の紙を渡され「サインしてください」と言われ、父がサインをして手渡した。

「最後になるかもしれませんので、ご家族の方や逢わせる方がいましたら、逢わせてあげてください」と言われ、冒頭に出てきた妹夫婦たちも知ることとなったのだった。

覚醒剤、ビール八本、抗酒剤七本、睡眠薬何十錠を一度に摂取し、今の主人の自宅冷蔵庫前で首をうなだれて座っていた……。夜中に目を覚まして私に気づいた彼が、「おい、どこで寝てるんや」と声をかけて身体を揺すったら、バタンと倒れて白目を剥いていた。それで救急搬送されたのだった。

両親とも頭の中は真っ白になり、何が原因でここまでなるのか、いくら考えても解らず、「もぅ、この子は終わりだ……」と私の命を諦めたそうだ。

病室の私は、激しい痙攣発作の最中で、それは数分間隔で起こり、時間が過ぎる中で徐々に落ち着いていった。

どれくらい過ぎただろうか。まったく痙攣は起こらなくなっていて、先生から「このまま、もう大丈夫でしょう」と聞き、少し安心はしたが、「痙攣は治まったようですが、眠り続けます。名前を呼んだり、手足をさすって目覚めを促してあげてください」と、予断ならない状態。先生に言われた通りに私の手足をさすって、両親は、あの世に逝こうとしていた私をつなぎ留めたという。

数日後意識を取り戻した私は、「あんた誰？　面倒みてくれる人？」と母に訊ねたり、父の顔を見て、「あんたイイ男ネ〜」と言ったりしていたようだ。まだ私は二十五歳を半分過ぎたばかりなのに。

母は病院へ泊まり込み、父は仕事の都合で一日おきに、私の様子を見に病院へ来る。

無表情だった私の顔に、喜怒哀楽が日に日に出始め、安堵していく両親。そんな時、病院に今の夫が現れ「逢わせてほしい」と言い、両親はなんとか理由をつけては追い返す、を繰り返しているうちに彼は来なくなった。

退院許可が出て家へ戻るのだが、親の顔は覚えていても話し方は幼児言葉で、今まで学校で学んだはずの計算、漢字、ひらがな等の全てを忘れ、自分の名前さえ書けなくなっていたのだった。

両親は私に、名前をひらがなで書くことから教え始め、足し算、引き算と少しずつ覚えさせていき、大分読めるようにまで回復していった。

どれくらいか経った頃、「彼が戻っている」と聞いた両親は用心を怠らなかった。しかし私は両親の目を盗んで彼へ連絡をとり、家を出て行った。この何日間、親子で乗り越えた日々のいろいろな思いを捨てて、彼の元へと奔ったのだった。

両親は私をあきらめ、一度は実家の電話番号も変えたという。それでもある断酒会の人が私の居場所を探して、母と乗り込んできた。押し問答を繰り返しながらもガンとして動かない私。母は持ってきていた名前入りの包丁で彼に襲いかかったという一幕まで起きた。たびたび説得されたが私は「帰らない」と言いはっていた。母はまた、包丁で襲いかかりかけたが、それで何かを思い切ったようだ。

絶縁状を私に書かせ、私が持ってきていた持ち物の全てを、母は持ち帰った。

意地があった私はどんなことがあっても両親に泣き言を言わず年月が過ぎ、あの阪神大震災が起こった。

神戸の悲惨な映像をテレビで見た私は両親のことが心配で、あらゆる手段で安否を探っていた。長崎の母の妹を捜して、無事を確認した時、母に会いたくて仕方がなかった。

平成六年十月に私たちは入籍した。二人共アルコール依存症で覚醒剤中毒の二重苦で生活は上手くいかなく、大変な苦労だった。そんな中、薬物に再度手を付けた夫を通報し、裁判にかかり、執行猶予を貰えたあたりから、真剣に断酒へ取り組むようになった。

夫は今まで、仕事らしい仕事をしたことがない人だった。しかし少しでも生活に潤いが出来るようにと力仕事を一年ほどした後、断酒会の中でグループホームの指導員に就いた。

こうして断酒生活が順調に過ぎて行き、その頃から弟妹とも会話ができるまでになっていた。

そんな矢先に、夫が脳出血で倒れ半年間入院を余儀なくされた。その時私は三十歳の誕生日を迎えたばかり。苦労の連続で疲れ果てていた。自分たちが選んだ道だが、後悔する心があったのも事実だった。

「池畑さんの子供にお願いして家に戻って来たら？」と母は言う。

しかし負けん気が人より強い私は、「大丈夫！　平気！」と言い返す。父は、「おまえが選んだ道や。途中で投げ出すな。応援はする」と、叱咤激励してくれた。

断酒会の話を両親によく話した。

断酒会に不信感を抱いていた両親から「たくさんの良い仲間に恵まれて良かったな。みんなが助けてくれるんやな。あちこち動き廻れて幸せやなぁ」と言ってもらえた。

あらためて思う。廃人になりかけた私だが、夫が、両親が、そして断酒会が新しい命を繋いでくれたと。

断酒二十年を継続できている今、人様のお役に立ちたい！　断酒会にお返しをしなくてはいけない！　と夢を実現させたい。

そのために、弱っている脳に刺激を与えて勉強し、資格を取得することに挑戦している日々だ。

何年かかっても、そんな道標に向かって私は生きる。

産業カウンセリングの現場から

「もしかしたら依存症？」

「アル中」という言葉がもつイメージは、「飲んだくれて道ばたに転がっている、どうしようもない人」「意志や性格の弱い人」など、人生の落後者と思われがちですが、これらのイメージはアル中のごく一部分でしかありません。

また「依存」という言葉を、ニュースやワイドショーなどで聞く機会が増えてきました。二〇一四年六月に厚生労働省研究班の調査で発表された、アルコール依存症の患者数が全国で推計一〇九万人。そのうち治療を受けているのは四～五万人程度と考えられています。

同研究班は八月には、ギャンブル依存の疑いがある人が五三六万人、ネット依存の傾向がある人が四二一万人にのぼると発表しました。反面、「依存症」について正しい知識はまだまだ社会に知られているとはいえず、誤解や偏見が多いのが実情です。さまざまな情報が氾濫し、自分や家族の状態に「もしかしたら依存症？」と不安感を持つ人が増えているようです。

アルコール依存症は家族全体を巻き込む

今回は依存症の代表とも言える「アルコール依存症」についてお話しさせていただきます。アルコール依存症が病気であるということをご存じの方は、どのくらいいらっしゃるでしょうか。

私自身も、公益社団法人全日本断酒連盟の事務局に入局するまでは、依存症に対する知識は皆無でした。その後約十五年連盟の運営に携わったことで、見えてきたことをお話しします。

「地獄を見たければ、アルコール依存症者のいる家庭を見よ」などという、笑えない話があります。アルコール依存症は本人だけの病気ではなく、家族全体を巻き込んでいく病気だということを表現しています。

アルコール依存症は、とても怖い病気です。誰でも、長い間お酒の飲み過ぎを続けていると、アルコール依存症になります。いったんアルコール依存症になると、完治することはありません。また飲酒を続けていればアルコール依存症はどんどん進行していき、ついには死に至ります。

死亡の原因としては、身体（肝臓に障害が生じるのは有名ですが、そのほかにも膵臓、胃腸、心臓、脳、神経、筋肉、骨、ホルモンや生殖機能など身体全体）の病気、事故、自殺が主なものです。

完治はしないが、「回復」する病気

また、アルコール依存症が進むと、社会的な影響も出てくるようになります。例えば、飲酒運転、失業、離婚などで、多くの大切なものを失うことになってしまいます。このように怖いアルコール依存症ですが、先ほども述べたように完治することはありません。しかし「回復」することができる病気です。

アルコール依存症になるのは中年男性だというイメージがありますが、最近女性の依存症者も増えてきました。十年前の八万人から十四万人と二倍近くになりました。若者・高齢者にも広がっています。

その背景には、だれでも気軽に飲めるようになった社会環境に加え、個人のライフサイクル上の危機も加わってきます。自立のための葛藤、生き方の選択をめぐる心の迷い、子供の巣立ちによる虚しさ、家族の死、定年退職による生きがいの喪失、などが引き金となって、アルコールへの依存が急に進むケースが目立ってきました。

アルコール依存症は病気です。「意志」や「人格」の問題ではありません。「病気」だからやめられないのです。

アルコール依存症は、勝手に暴走する脳の病気

依存症は、飲酒をコントロールできなくなる——「脳本来の情報伝達がうまくいかなくなり、勝手に暴走する脳の病気」です。お酒が切れると発汗、不眠、イライラなどの離脱症状が出て、つらいから飲まずにいられないのです。

以下のような状態が見うけられたら要注意です。

「酒で死ぬんだったら本望だ」「酒は俺の生涯の友だ」などと主張している。

朝から晩まで酒が切れることなく酒を飲む。いつも酒を手放すことなく飲み続けているため、頻繁に二日酔いになり会社を欠勤する。

日常生活もだらしなくなり、服装に構わなくなる、風呂に入らない、洗顔をしない。約束を守らない。隠れて酒を飲む。平気で嘘をつく（問いただすと「飲ん

でない」と言い張る。）何かにつけ言い訳が多くなる。猜疑心が強い、嫉妬心が強くなる。自分本位で周囲（家族・近所・会社）に迷惑をかける。家庭内暴力をふるうなど、の症状が起きてきます。

「アルコール依存症」になると、「上手にお酒を飲めない体質」になってしまうとも言えます。こうなるともう一度「うまく飲める体に戻す」方法はありません。つまり「治癒」出来ないのですが、断酒して専門の治療を受けることで、心身共に「回復」していくことが出来ます。

お酒をやめていくには、専門医の治療を受けたり、公益社団法人全日本断酒連盟（お酒の問題に悩む人たちの自助組織。いわゆる「断酒会」。本人と家族が共に参加する「断酒例会」を行っています）の力を借りることが必要です。

また自助グループＡＡ（アルコホーリクス・アノニマス）＝無名のアルコール依存症者の会もあります。これはAl-Anon（アラノン）アルコール・薬物の問題を持つ人の家族や友人の自助グループです。

アルコール依存症は「回復できる病気」と述べましたが、回復していくためには「断酒」を続けていくしかありません。断酒とは「お酒を断つ」ということで、「一生涯一滴もアルコールを口にしない」ということを意味します。

だからこそ、まずは医療機関等に相談することが大切です。できればアルコール専門の精神科病院等で早期発見、早期治療がより有効です。

アルコール依存症の診断

〈アルコール・薬物依存症チェックリスト〉を掲載しておきます。

アルコール・薬物への依存については国際的な診断基準があり、以下の6項目のうち、3つ以上が同時に見られれば「依存症」（正式名称は「依存症候群」）と診断されます。

ICD―10による「依存症候群」の診断ガイドライン（久里浜医療センターHPより）

1・アルコール・薬物を摂取したいという強い欲望、切迫感がある

2・量を控えよう、やめておこうと思っても、自分ではコントロールが効かない

3・摂取をやめると離脱症状が出る（発汗、震え、不眠など）

4・効果に慣れて「耐性」が生じている（以前と同じ量では効かなくなってきた）
5・そのことで生活が占領されている（仕事など他のことへの影響）
6・心身の健康に悪影響が出ていると分かっているのに使用を続けている

最後になりますが、国も二〇一四年六月には「アルコール健康障害対策基本法」を施行。毎年十一月十日〜十六日を「アルコール関連問題啓発週間」とし、社会の関心と理解を深めるため、さまざまな啓発事業を実施するよう促しています。

「安全スタッフ2231号（2015年4月1日号）」所載。

中学校出前講座「薬物乱用防止教室」より

私のアルコール依存症の体験談

矢頭　良治（大分県断酒連合会）

こんにちは、大分県断酒連合会の矢頭と申します。

私、アルコール依存症者の本人なんですけれども、あの～　住んでいるところはとなりの県に住んでいます。で～　私の場合一人っ子で兄弟がいません。

アルコールに出会ったのは中学二年

そこで育った環境の中で今があるんですけど、あの～私は、アルコールに出会ったのは、記憶にあるのは、中学二年の関西方面に修学旅行に行った帰りのフェリーの中です。

当時、やんちゃグループの中に入っていまして、いろいろ学校で問題を起こす状況の中学生活を送るなかで、帰りのフェリーの中です。当時は引率の先生も、引率をしながら酒を飲むちゅうのは当たり前の状況ですから、先生たちも酔っぱらっていて、そんな中で、友だちがフェリーの中で缶ビールを買い込んで、みんなで飲んだ記憶があります。

私の育ったときに、お盆とか正月とかそんな時にチョット一杯くらい飲んでいた環境がありましたので、飲んだ時には「ふぁ〜っとする」というか、少しは酔っぱらったような感覚はあるんですけども、そのグループの中に、お酒に弱いのもおったとかいろいろあって、酔っぱらって女子生徒を追っかけまわすとか、いろいろフェリーの中で問題が起きました。

それで私たちグループが酒を飲んでいるというのがバレてしまって、九州に帰って、修学旅行ですから親が迎えに来るときに、別のグループで呼ばれて、その時のグループで皆が校長先生、教頭先生からコテンパンに絞られたという苦い経験があります。

受験勉強のふりをして飲酒したり

で、あの住んでいるところは県境に接しているということで、受験に厳しい環境だったんですね。この市内には県で一、二位を争う進学校もあり、そこに親はなんとしてでも入学させたいという風土がある。

で、私たちはその進学校の普通科に行くには、上から20名しか行けない。どう転がっても、どうひっくり返っても、私の成績じゃ無理。

で、中学校の仲間の中の成績の序列というのがあって、3年間過ごす中で自分はどのくらいというのがわかっているのです。

しかし、親はそれを受け入れようとはしない。「頑張れ、頑張れ」ちゅうなかで、自分は頑張ったつもりでも、「上の中」に入れるような評価は出せない。

そんななかで、受験勉強、自分の部屋に籠って勉強するようなふりをして酒を飲んでいた。

ストレスを癒やすためにハマっていったかな

そんな中で私は、親からあるいは地域からのストレスを癒やしている。ホッとしてその中で、こうハマっていったかなと思う。

私はそれから地元の普通科の高校に行くわけなんですけれども、そこにはなんかこう振り分けられているというか、そして普通科高校ですから特に目的がないというか、そんな中で高校三年間過ごす中で、案外酒が強かったという環境の中で、友だちの家に行って、学校が終わったからといっては酒を飲むという、そういうことをずっとしていたかなという……。

今からすれば、なんでそんなことをしていたかなと言うと、早く大人の恰好つうか、恰好だけでも大人のマネごとをしたいというか、大人への憧れというか、その中でこんなことしてきたのかなという。高校三年生になるともう、市内の繁華街を夜な夜なウロウロするようになっていました。

大人の飲み方にあこがれたところもあって

そのなかで当時まだ五百円札があるなかで飲みにいって、だいたい知り合いの友だちの親が経営している、そういうスナックを狙うわけなんです。そこに行って酒を飲む。「おばちゃん、足りんけど出世ばらいな……」と言いながら、五百円札を店に置いて帰る。そしてだいたいボトルの半分ぐらい飲んで、ケロッとして帰る。

若さで酒を入れていった。その飲み屋に行っている中で、大人の酒の飲み方というか、それを見たときに私は、「ああいう姿になりたいな」と思いました。

その姿というんが、職場の先輩というんか紳士的な飲み方でした。ある時間がきた時、ポット今日はここまでというか紳士的な飲み方でした。あるいは、いくら飲んでもネクタイを緩めませんでした。そういう光景を見たときに、あっこまでなる、ああいう酒の飲み方をするにはどうすればいいか考えました。

それにはいい学校に行って、いい会社に入って、会社の中で認められなければあすこまではいかないな。そういう認識はあるのだけど、そこにはもう横に酒があった……。

「何かになりたい」という目的がなかった

一人っ子ということで、上の学校にも行かせてもらったのですが、当時とすれば、上の学校に行くとしても「何かになりたい」という目的は無かった。

私の場合、当時は法科か経済学部のどちらかで学校を選んでおり、自分が何になりたいという目的はないのですから、世間一般で大学卒業したら、私は経済に行ったんですけれども、しかし、目的が無いまま学生生活を送るというと、何をするかというと、あの～　子どもの時からの親からの期待とかストレスを感じたときに、自由な生活を「四年間遊んで来いよ」という先生の言葉に弾けました。

入学当時は先輩方が私を潰しにきます。大学の飲み会では、中学校から酒を飲んで高校時代には飲み屋が通いを続けていた経験が、ものをいう。

酒を飲むときのテクニックは体得しており、飲んで潰しにきた先輩方を、酒を飲んで逆に潰す。

それでこの方々と交流を持った。という具合に、なんとか大学は四年で卒業していくんですけれども、それから後就職するにあたっても、私のは無縁のこと。一人っ子ということで、都会へは就職が出来ない環境があるんですね。

都会への憧れも酒で癒やした

先祖伝来の土地がある。墓がある。そして私は田舎に帰っていかなければならない環境にあった。

私は都会への憧れがある。一度都会で就職してボロボロになって帰ってくるのなら、都会への憧れも諦めもつくのですが、それが出来なかったという空しさ。それは酒しか癒すものはなかった。

田舎で就職して、今度は日本経済がバブルを迎え、おかしくなった。当時とすれば、現場から入社して経験していくんですけど、勤務時間がめちゃくちゃで、9時〜5時のはずが次の日の朝5時まで仕事をする。そして土日休みなし。

そんな中で私は、酒が「寝るための酒」、あるいは「明日の仕事をするためのガソリン」というか、エネルギーの糧として飲んで仕事をする。

幸いにも同期入社の人が脱サラしていく中で、その頑張りが認められて、私の何が認められたのか解らんのですが、一番出世していく中で、高校時代に見たカッコイイ紳士にはなれませんでしたが、身分的には入れて、ポストをいただくようないい思いをしたのはその時だけで、バブルが弾けて、人を解雇して切っていくことになる。

人を切る辛さから逃れるために

会社の存続のために、合理化ということで人を切っていかなければならない。そこには私自身も歳が若い中で、能力がないにも関わらずポストが上がっていたために、その人を切っていく。その人の家族やいろいろな事を考えると悶々となってきて、どうすることも出来んような状況で、そこには酒を利用する。

酒以外にも選択肢はあるんですけど、結果的には選択肢はいろいろあるんですけれども、「私自身が逃げたかな」ちゅうのもあります。

しかし、私自身も逃げられんという環境にあったのも事実です。

追い込まれていく中で酒に頼るほかなかった。体重がどんどん落ちていく中でボロボロになって、健康診断にひっかかっていく。そんな中で最終的には精神的に癒すための酒……。

仕事をするために飲まなんならん酒……。

机にワンカップをしのばせて

前日の酒が残っている中で、二日酔い状態で出勤して行く。そんな中で勤務時間がだんだん経ってくると、酒が切れてくる。そうすると手が震えてくる。

お客さんの所に電話を掛けるのだが、ワンタッチのダイヤルのボタンを押す手が震えて押すもんだから、うまく掛けれんで、間違い電話はする。

いろいろな面でイライラしてくる中で、そこでやったのが、自分の机の一番下にワンカップを忍ばせて、それを持ってトイレに駆け込む。一杯ひっかける。そして一息ついて自分の仕事をする。

朝残っていた酒が夕方には切れて、匂いがしなくなるのに、退社時間になると酒の匂いがするのが当たり前、そんな状況になっているのです。

そうなって来ると、周りの人に匂いが解らんことはなく、自分は解らんことが他の人には解っているんです。

私の上をバイパスが出来て……

そうなると私の上をバイパスが出来ており、指示、命令が私抜きで飛んでいるんです。私を経由しないで私の部下に直接に行く。下からの報告も私を経由しないで上司に直接いく。その中でだんだん窓際に追い込まれていくのが解っている。しかしどうすることも出来んし、私もしがみつかんならん状況で、その状況を癒す物は酒しかなかった。

結果的には、飲酒運転で交通事故を起こし、ここまでしがみついた会社を自ら退職願いを書く状況になっていった。

「ハマる」ということにならないでください

こうして私は、四十歳前で「アルコール依存症」の診断を受け、四十歳前で酒を手放さなければならない状況になった時に、確かに断酒会に入って、「これから先いいことがあるよ」と言われたんです。

けど、酒やめて長い時間七十・八十歳までと考えたときに、あと30年、40年生命があったときに、酒がなくて生きていくのはビジョンが見えん、真っ黒やったです。

しかし、酒やめてある程度の時間が経つ中で、今思うと、アルコールという道具。これは上手に飲める人は、本当に潤滑油になって自分の仕事のプラスになる材料となる。

しかしハマりこんだら大変なことになると思う。

私の場合は、その「アルコール」があったおかげで精神的に追いつめられた時に、「自ら命を畳まんで済んでよかったかな」と、今思います。

今、この社会の中でいろいろ住みにくい環境があります。

しかし、そんななかで酒などに「ハマる」ということにはならないでください。

あくまですべての物を道具として使う。酒さえも一生道具として使えるように、精神的に強くなるようになってほしいなと思います。

私みたいな失敗した大人には、決して、将来決して、ならないでください。

今日は、私のつたない体験談を聴いていただきありがとうございました。

「断酒会会員の体験談をうかがって」

大分県〇〇市立〇〇中学校生徒アンケート　より

・体験者の方の話は真実味があるし、本当に気をつけようと思いましたし、今日の授業で薬物やアルコール依存症は「自分の未来が暗くなるだけではなく、周りの人にも迷惑がかかるんだな」と思いました。
・体験発表はなかなか生々しかった。
・本当に依存した人の話が聞けて、めっちゃよかった！　大きくなっても、そんなこと何もせん！
・お酒の飲みすぎは身体に良くないことはわかっていたけど、今日の体験談を聞いて、飲み過ぎはいけないという気持ちが一段と高くなりました。
・ワンカップの力ってすごい。自分も同じようにならないようにしたいです。
・最後のお話がこころに残った。
・実際の体験談を聞いて「怖いな」と思った。未成年が飲酒、たばこをやってはいけない理由がわかった。

・断酒会の方の話が心に残りました。説得力があり、聞きがいがあった。でも酒は「大していいことはないな」と思いました。
・「いつから飲んでいて……」と、きっかけなどを話してくれてよかったです。
・中学二年という、自分たちと同じ年で飲み始めたことにびっくりしました。やはり酒を飲んではいけないと思いました。
・いろいろと悪いことは知っていたけど、あらためてただ悪いじゃなくて、絶対にやってはいけないなと思いました。
・体験された方の話がすっごく心に残って、説得力もすごくありました。家族の中にお酒を飲む人がいるので、気をつけるようにしてほしいと思いました。
・体験した人が話すことによって、本当に起こってしまうと怖いなと思いました。
・楽になろうとしてアルコールを飲んで、自分の身体を追い詰めているという話を聞き、アルコールは危ないものだなと思いました。
・最後の体験談が身にしみた。
・すごいわかりやすい体験発表だと思いました。今まで知っていたことでも

「やらない方がいい」とは思っていたけど、今日の話で良く知って、「やってはいけない」という意識が強まりました。

・アルコールを飲んだことがあるので気をつけようと思いました。アルコール依存の危険が心に残っています。初めて聞いたので、いろいろなストレスなどでお酒を飲みたくなったり、仕事をするためにお酒を飲むなどといった、普通ではあり得ないような話がたくさん聞けてよかったです。

アルコール依存症って、どんな病気か？

――『断酒会百人百話～依存症者と家族の回復の物語～』を参考に――

Ⅰ．アルコール依存症という診断

医師が「アルコール依存症」と診断するのは、単に毎日飲んでいるから、あるいは飲んで会社を休むからということで、依存症と診断するわけではない。「アルコール依存症の診断基準」というものがあります。これは、医師がアルコール依存症と診断する時の枠組みです。

アルコール依存症の診断基準には、主に世界保健機関（ＷＨＯ）が作成した、ＩＣＤ―10の「依存症候群」がよく使用されています。

簡単にいいますと、過去1年間に以下の項目のうち3項目以上が同時に1ヶ月以上続いたか、または繰り返し出現した場合に、依存の確定診断をくだします。

1．飲酒したいという強い欲望あるいは強迫感。

たとえば、

「職場を抜け出して、映画館の中で昼間からワンカップを買って、映画館の隅っこで飲んでました……」

終業前になると、そわそわして落ちつかない。終業まで待てなくなり職場を抜け出す。仕事が終わると、帰宅まで待ちきれずに車中でも飲んだり、隠れてでも飲むようになります。

2．飲酒の開始、終了、あるいは飲酒量に関して行動を統制することが困難。

たとえば、

「今日はやめておこう」「今日だけは飲まないでおこう」と思っていて、飲む寸前までずうっとそんなふうに思うとっても、ころっと気持ちが変わって、「やっぱ一杯くらいは飲んどかんと元気が出らん」くらいに考えて、飲んでしまう。

「一杯だけ」と決めて飲み始めたはずが、翌日に酒臭が残るほど飲む。臓器障害を起こすまで飲む。医師から禁酒や節酒を指導されても守れない、など。

3．禁酒あるいは減酒したときの離脱症状。

たとえば、

「○○署の留置場に入っていた時に虫が出てきたんですよ、幻覚ですけど……」

などの症状。

その虫が、スーッと独房から出ていくもんだから、『ああ、ここから出られるとばい』と思って出て行こうとしたら、壁にゴーンと激突したんですよ。右目のところが、こぎゃん腫れてですね。……」


離脱症状とは、アルコールによって脳の神経が抑制された状態が普通になってしまっているために、それが抜けていくときに生じる、さまざまな神経の興奮状態のことです。「イライラして落ちつかない、発汗や微熱、脈が速くなる、こむらがえり、不眠、手指の細かい震え」などがあります。依存が進行した状態では、全身の大きな震えや、幻覚・妄想などを起こすことがあります。

4. 耐性の証拠。

たとえば、

「私は最初の頃は日本酒でした。家に来たお中元やお歳暮の酒は、ほとんど私が飲んでいました。そうしたら、そのうち病院で糖尿病と言われました。誰かが『糖尿病には日本酒はいかん。焼酎なら糖尿病にもよか』と言ったんで、焼酎に変えました。だけど、同じですね。だんだんおかしくなってきて、しばらくしたら朝から飲むようになりました。……」

つまり、かつてと同じ量では酔わなくなるということです。そのために、だんだんと飲酒量が増えていきます。耐性が生じていない人であればとても飲めないような量を、飲む場合があります。

5. 飲酒にかわる楽しみや興味を無視し、飲酒せざるを得ない時間やその効果からの回復に要する時間が延長。

たとえば、

「子どもの野球の応援に行って寝てしまったことがあります。目が覚めたら周りにだれもおらんのでびっくりしました。子どもは恥ずかしかったろうと思います。野球の試合どころじゃなかったと思います。」

飲酒のために、家族で過ごす時間や会話が減る。外出といえば、酒を飲むことばかりを優先する。飲んでいる時間が長くなり、他のことができなくなってくる（たとえば「仕事と酒だけの人生」といったように）。せっかくの休日には、二日酔いでごろごろ寝ているばかりになるなど。

6. 明らかに有害な結果が起きているにもかかわらず飲酒。

たとえば、

「入院していた時に先生に「私はのんびり入院していられないのです。私が会社にいないと仕事が成り立たないのですよ。」と言ったのですね。だけど、そんなことは無かったですね。それが証拠に、入院中にクビになっていました。仕事は私がいない方が、きっとうまくいっていたと思います。」

有害な結果とは、アルコールに関連する身体の病気（肝臓病、高血圧、糖尿病、心臓病……）、うつ状態などの悪化、家庭内でのトラブル、飲酒によって周囲の信頼を失うこと、飲酒運転などの違法な行動、職場や学校でのトラブル（急な欠勤や遅刻、成績の低下やミス、人間関係の問題など）、経済的な問題、などです。

♪ちょいと一杯のつもりで飲んで
いつの間にやらはしご酒
気がつきゃホームの　ベンチでごろ寝
これじゃからだに　いいわけないよ
わかっちゃいるけど　やめられない
（青島幸男作詞）

Ⅱ．一度やめていても、また飲みだせば

アルコール依存症になってしまうと、一度酒をやめていても、一滴でも飲めば再発し、すぐに最悪の時の状態に戻ってしまいます。そして再び飲酒を繰り返してしまう。

それは、治療直後の方や、数十年間止めていた方が飲み出しても同じです。アルコール依存症は「治癒することのない病」です。しかし「回復」することができる病気です。

「飲まないで生きていく」ことは可能になる。これが回復です。

たとえば、

「私は30歳くらいから手が震え始めて、精神病院に5カ月間入院しました。その後10年くらいは酒をやめていたのですが、会社の慰安旅行でビール工場の見学に行って一杯飲んでから後は、また前と同じように飲むようになりました。

朝から夕方まで流し込むように飲んでいました。そんな風で内科に入院して酒が切れたら、手だけでなく身体全部が震えだして飯も食べきらんし、何かダラーとなって歩くこともできなくて、検査に行くのも車椅子に乗せてもらってですね。看護婦さんにも随分迷惑をかけました。」

Ⅲ．飲みつづけるのは、なぜ

作家の「なだ・いなだ」はアルコール依存症の名医でもありますが、彼はアルコール依存症を、東海道新幹線ひかり号（註　のぞみがない時代）の乗客に例えています。

名古屋駅を出たひかり号は東京駅まで停まりません。名古屋を出て、途中に浜松、静岡、熱海と駅を次々に通過しますが、決して途中の駅に停まることはありません。アルコール依存症者が飲み続け、病気のある段階に達しても、「まだ浜松駅だ」と思うものです。しかし実際は「浜松駅を通過中で、最後には東京駅まで行ってしまう」ことに気づいていません。アルコール依存症者は、飲み続けると必ず病気の終着駅に行ってしまいます。

私たちの経験でも、一回目の入院時には軽い離脱症状であった人が、5～6年後の何回めかの入院時には、重い幻覚症状が現れていたり、失業していたり、家庭が崩壊していたり、合併症がひどくなっていたりすることによく出会います。

「人、酒を飲み、酒、酒を飲み、酒、人を飲む」とうたった中国の詩人、李白は、アルコール依存症の進行状況をうまく表現していますが、李白自身もアルコールのために命を落としています。《(N)徳島県断酒会HPより引用》

なぜ、そんなになるまで酒を飲み続けなければいけないのか。

一つは、アルコールというのは薬物ですから、ある時期まで飲んでいると、アルコールが体から抜けると体がパニックを起こす。その禁断症状を抑えるために飲む。また、飲酒に対する欲求が深く強くなる。だから、どうしても飲みたくなる。例えば、これから運転するとわかっていても「軽く一杯ならいい」とか、朝これから会社に行くという時に、「ちょっとひっかけないと行かれない」とかです。その強迫的な飲酒欲求に負けるわけです。

もう一つの背景は、習慣的に飲んでいると、記憶のシステムが正しく機能しなくなるからです。思い出せないことが多くなってきたり、都合の悪いことを忘れてしまったりする。そういう記憶の障害が起きてくるのです。

ブラックアウト（記憶の欠落）という、依存症に特有の症状が関係していると思います。そして、自分はそんなに大きな問題は起こしていないと思ってしまう。会社は「辞めてくれないかな」と思っていても、本人は「俺がいないとこの会社はつぶれる」と思っている、という具合にギャップが出てくる。

「依存症は病気である」という認識がないことも関係がある。そんな認識は普通まわりに無いので、本人も持っていない。そして物心ついてから、酒を飲まない生活をほとんど体験していないので、「自分から酒を取ってしまったら、いったい自分はどうなるのか、何が残るのか」と、酒の無い人生というものが想像できない。こうして、飲みつづけてしまう病気なのです。

飲み続けるためには、うすうすわかっている不都合なことを否認しなければならない。

否認を駆使しないと自分の飲酒を守れなくなるわけです。言いかえれば、否認というのは、自分の飲酒を守るための方法なのです。そして、禁断症状があり、酒を入れてやらなければ体も心もパニックになる。だから、否認をしながら酒を飲み続けなければならなくなってしまっているわけです。

否認しながら飲んでいる人を、周りから見るとどう見えるでしょう？

まず、嘘つきに見える。「やめる、やめる」と言って飲んでいるからです。意思も弱く見える。しかし本人も周りも、病気で飲まされていると自覚していない。だから、自他ともに認める意思薄弱人間になってしまう。これは本当に悲劇です。

誰かが「これは病気であり、治療が可能で、酒をやめて生きていくことは可能なんだ。そのために、断酒会があるのだ」という情報を、早く入れてあげればいいんです。

（『節酒は出来ないが断酒はＤＥＫＩＲＵ』さんのＨＰより
～平成十二年葉山セミナーにおける　臨床心理士　水澤都加佐先生講演引用～）

Ⅳ．「否認」には、さまざまなものが

アルコール依存症は、別名「否認の病」と言われています。

否認とは「事実を事実として認めない」ことです。

否認には2種類あり、ブルーム（S.B .Blume：1978）は、第一の否認は「飲

酒に問題はない」、つまり「自分はアルコール依存症ではない」

第二の否認は「飲酒以外の問題はない」、つまり「自分は酒さえ飲まなければ、何も問題はない」の二つに分けました。

「**第一の否認**」は、依存している行為（飲酒）そのものを、理由をつけてすり替えて「自分は問題がない」と思うことを言います。

たとえば、「そんなにいっぱい飲んでいない」「飲んではいるが、仕事もちゃんとやっているし、やることはやっている、アル中なら仕事はしない」、「自分の稼いだお金で飲んで何が悪いんだ?」、「俺は駅や公園で酒飲んでゴロゴロしているホームレスとは違う」「俺はアルコール依存症じゃない」等々、事実を過小評価して認めません。

「**第二の否認**」は、依存対象（酒）さえ止めれば問題はないと考えることです。

たとえば、

「夫（彼、息子など）は、酒さえ飲まなければ本当は優しい人なんです……」

それは酒を飲んでいないだけで、考え方や行動が変わるわけではありません。

つまり、「飲酒」している時と変わらない考え方や行動を繰り返します。

「酒」の問題ではなく、「自分」の問題として認めることです。アルコール依存症の方に聞いてみたことがあります。「なぜ依存症になってしまったのか?」と……。答えはこうでした。「酒が好きだからに決まっているだろう。ばぁ～か」

「酒が好き」だけでは説明できません。「酒の力を借りなければ心の安定が保てなかった」から、飲んだのです。

飲み過ぎてアルコール依存症になったのではなく、依存症になるまで飲まなければ生きて来られなかったという事実を認めることです。依存対象以外の問題（自己中心な考え、自身の価値観、人生観、対人関係、家族の問題、仕事問題、コミュニケーション）など、自己の内面にある問題を認めないということです。

V. アルコール依存症のイメージ

アルコール依存症という病気のイメージは、あまり良くありません。

さて、福島県会津地方の民謡『会津磐梯山』に登場する人物　小原庄助さんは
「小原庄助さんなんで身上 つぶした 朝寝 朝酒 朝湯が大好きで それで身上つぶした ああもっともだ もっともだ」

……と、よく知られている民謡です。

アルコール依存症の人というと、「朝から晩まで一日中飲んでいるとか、酔って暴力を振るう、暴言を吐く」といったイメージを持つ方が多いようです。

最近では有名人、芸能人の中にアルコール依存症者がいることなども、知られてきています。三笠宮寛仁様がアルコール依存症を公表されたこと、ＳＭＡＰの草薙剛さんの二〇〇九年のアルコールによる全裸事件は、多くの注目を集めました。

でもそれがアルコール依存症だとは誰も思っていない、のも事実。

では、社会はアルコール依存症をどのようにとらえているのでしょうか?

ここにアルコール問題全国市民協会（ＡＳＫ）がつくったテストを使って調査した結果があります。（一九九二年調査結果アルコールシンドローム、現在はBe！より抜粋）

〈アルコール常識テスト〉

次のうち正しいと思うものに○を付けてください。

1. □ 〝アル中〟はアルコール依存症者の進行したものである。
2. □ 酒を飲んで暴れる酒乱の人を〝アル中〟といい、暴れない人を〝依存症〟という。
3. □ アルコールに弱い人がアルコール依存症になる。
4. □ ビールだけ飲んでいればアルコール依存症者にならない。
5. □ アルコールを飲んでも顔色の変わらない人はアルコール依存症者にならない。
6. □ アルコール依存症者になったら死ぬまでアルコールをやめられない。
7. □ アルコール依存症者は意志が弱いのでアルコールがやめられない。
8. □ アルコール依存症者はいろいろなストレスがあるから飲んでいるのだから、アルコールのことよりもそれらのことを解決するのが先決である。
9. □ アルコール依存症も治療すれば節酒できるようになる。

10．□酒に強い弱いは、肝臓の強さで決まる。
11．□酒に弱い人でも、根性で鍛えれば酒豪になる。
12．□どんなにたくさん飲んでも、一晩寝ればアルコールは抜ける。
13．□女性はアルコール依存症になりにくい。
14．□妊娠中の少量の酒は、妊婦をリラックスさせるので有効である。
15．□アルコールは脳細胞をほぐし、柔軟にする。
16．□酒は興奮剤の一種である。
17．□酒を大量に飲むと、男性ホルモンが増加し性欲の抑えがきかなくなる。
18．□自動販売機で酒を売っているのは、日本と米国だけである。
19．□日本では、アルコールのテレビＣＭに法的な規制がある。

問18の自動販売機は現在では少なくなっていますが、コンビニやディスカウントストアで24時間販売しています。

この〈アルコール常識テスト〉の結果も掲載されており、問10は二〇〇人中一八〇人（９割）の人が間違って回答し、問17は二〇〇人中一二五人（６割）の人が間違えて答えています。

また、企業によっては健康保健管理室（アルコール問題を進めていく中心となる）のスタッフの成績正解率が、他の部署より悪かったと記されています。

あなたの正解率はいかがですか？

正解はすべて「×」。すべてが間違った考えです。

上記のような誤解や偏見があるので、「自分はそんなことはない」とアルコール依存症者は言いたくなるのです。

Ⅵ．回復の段階と否認

アルコール依存症者の否認には、いろいろなものがあります。そして、この否認は、回復の段階に応じて出現するものもあります。

否認に関連する要因

心理的メカニズムとして「否認」が生じる関連要因として、

（1）知識の不足で、アルコール問題を性格や人格と関連付けネガティブにとらえている。

（2）酔いに伴う認知の歪みやブラックアウトによる記憶の欠落。

（3）都合の悪い記憶はすぐに忘れる記憶の楽天性、などが考えられます。

これらの要因からはアルコール依存を疾患として正しく認識することや、飲酒当時を想起することが「否認」を乗り越えるのに有効に働くと考えられます。

《全日本断酒連盟「かがり火」（2013年1月号）より引用》

アルコール依存症の回復とは、「自らの意志で積極的に飲酒をやめること」を意味します。つまりアルコール依存症からの回復には、アルコール依存症者が酒の害をよく理解し、自らの意志で酒を断ち続けることが第一条件です。

家族や他人に禁止され「受動的に酒をやめる禁酒」や、「飲酒量を調整しながら飲む節酒」とは違い、「断酒」なのです。そのためには断酒会やＡＡという自助グループがあります。

断酒をすることにより、「人間的成長のプロセスで、バランスのとれた新しい生き方ができるようになること」とされています。

回復とは「第二の否認」の解除ということです。

なにが原因で酒に頼ったか、その原因を洞察し、長年の飲酒により生活リズムのバランスが崩れた行動や認知、感情を問題として認め、バランスの取れた生活（新生）をし、根底から酒を飲まなくても生きていける考え方を持つことです。

その結果、バランスのとれた生活（趣味や運動、規則正しい食事）で身体的バランスを回復する。そして物事を正確に判断し、感情や行動をコントロールする（家族、友人、職場など適切な人間関係を取れる）ことにより、「精神的バランスの回復や、社会的責任を果たす社会参加」などが行えるように回復すると言えます。

Ⅶ．自助グループへの参加（仲間の力は最もパワフル）

アルコール依存症本人の自助グループ「公益社団法人全日本断酒連盟」の事務局長大槻元さんに、アルコール依存症になりやすい人の特徴や、自助グループの役割などについてお聞きしました。

アルコール依存症は「意志が弱い人がなりやすい」病気と思われがちですが、実際にはその逆です。物事を白黒はっきりつけないと気が済まないような、完璧を求める性格の人がなりやすい病気です。極端な考えが自分を苦しめ、思うようにならないストレスで酒量が増え、結果的に依存症に至る、というケースが多いのです。

また、この病気は「否認の病」と呼ばれています。病気によって問題が起きても、「自分のせいではない」「自分はアルコール依存症ではない」と考えてしまい、自分の問題として受け止められないのが特徴です。

自分の性格や置かれている状況を自覚し、今後どうなりたいのかを考えてもらうために、自助グループというものはあります。

自助グループは、かつて同じようにこの病気で苦しんだ人たちで構成されています。お酒をやめて数十年たった人が自らの体験談を話すことで、「生きた見本」を見せることができます。

病院での治療には期限がありますが、依存症から脱却するためには、その後、生涯にわたってお酒をやめなければなりません。

しかし、入院治療を受けて一度お酒をやめることができても、退院して一人になると再び飲んで、振り出しに戻ってしまう人もたくさんいます。他人との関わりを断って、悩みや心配ごとを一人で抱え込んでしまうことはとても危険です。一人の世界に身を置いてしまうと、都合の良い考えや解釈ばかりをして、再びお酒を飲む口実を作ってしまうからです。

他人との関わりを持つことは、面倒なこともありますが、自助グループなどで同じ境遇の人の話を聞くことや、不安や悩みを他人に吐き出すことで、自分の問題を客観的に見つめ直すことができます。

自分や家族が「もしかしたらアルコール依存症かもしれない」と感じたら、一人で抱え込まずに、病院や自助グループに相談することが何よりも大切です。

断酒会に例会出席して仲間の話（体験談）を聞くことで、自分にも同じような体験があることが思い出され、自分が話す番が来たらその話をします。そうやって他の人の話と自分の体験を「重ね合せ」ていくのが、例会における「分かち合い」です。それによって、自分の過去の行動の意味や問題点に気づき、自分を振り返ることができるのだと思います。

「あんた、お酒やめたら」「いい加減にしたら」って、何年間言われてきたか？十年以上言われている人もいます。もう、人に言われるのうんざりなんです。

でも、断酒会では「あんた最近おかしいよ」なんて、誰も言わない。みなさん、自分の話をなさるのです。それを黙って聞いて「ああ、俺も危ないな、あの人の言う通りかもしれない」と気づくのです。

「聞く」というより、「聞ける」のだろうと思います。それは、自分をモニターするのに大変役に立つことです。

Ⅷ．再発の防止

自分の回復のためには「自分で責任を持つ」ことが大切です。そして、自分の再発の防止にも、基本的には自分で責任を持って、仲間（断酒会やＡＡ）のところへ行くことです。

（本人）「俺はアル中なんかじゃない」「アルコール依存症という病気なんかじゃない」

（家族）「私の夫はずっとずっと飲んでいるわけではない、だから、アルコール依存症ではない」

そんなふうに現実から目をそらさないでください。

私と断酒会の出会い

その日は朝から強い雨が降っていた。

面接の時間に遅れないようにと、地図を片手にはじめて降りる目白駅に着いたのが、約束の時間20分前だった。

求人票には「駅から徒歩8分」と記されていた。住所と地図を頼りに探し歩いたが見つからない。もう15分も歩いているのに約束の13時が迫っていた。

気はせくが、なかなか「社団法人全日本断酒連盟」という表札は見当たらない。と、そのとき門扉の端に、今にも消えてしまいそうな白いプレートに記載されている文字を見つけ、ホッとするとともに足がすくんだ。

取り急ぎ、時間ぎりぎりで門扉を開け玄関までの細い道を進む。

道は伸び放題の草と薮の匂いにむせそうだった。何か出てきそうな薄暗い感じ。チャイムを押した。少し間があったが内側のドアが開き、小柄な男性が顔を見せてくださった。

「ハローワークの紹介で面接に参りました直江です……」

男性は「どうぞ」といいながらスリッパを指さし、先にたって応接間に案内してくれた。

応接にはもう1名男性が待っていた。

後日わかったのだが、最初に案内してくださった男性は事務局長であり、もう1名の方は社団法人全日本断酒連盟の理事長だった。

面接は、全日本断酒連盟が自助グループだということ、一般には「断酒会」といわれており、「アルコール依存症者本人の会」だということなどを説明していただいた。仕事の内容は全日本断酒連盟の一般事務と、主に経理事務であることを話していただき、だいたい30分ぐらいで面接は終わった。

「あらためて連絡を……」ということでその場を辞去した。

この日から一月後、私は社団法人全日本断酒連盟の事務局に就職することになる。

断酒会の皆様から頂いた感動

さて、「断酒会」をご存じの方はどのくらいおられるだろうか？

でも、「断酒会」を知らなくても、「アルコール依存症」という呼び方は聞いたことがあると思う。

しかし「アルコール依存症」が「病気」だということをご存じの方は、どのくらいいらっしゃるだろうか。

実はこの私も、社団法人全日本断酒連盟に就職するまで、断酒会という会の存在、アルコール依存症が病気だということをまったく知らなかったのである。

縁あって連盟事務局の仕事をさせていただくようになり、断酒例会に参加する機会も何度となく得て、大勢の酒害者、ご家族の方の厳しい体験談を聴かせていただいた。

自らの体験談を、創らず飾らず率直に語ることで、アルコホーリク自らも、家族も、自己洞察が深まり、回復へと結びついていくことを、何度も何度も見せていただいた。

例会で語られるアルコールにまつわる体験談は、それこそ本でも読んだこともないすさまじい症状や、きびしい回復の過程、自分と家族や周りの方々との壊れかけた人間関係の修復、真摯に語られる姿を目の当たりにしながら、いつか私の中に熱いものが湧いてくるのだった。

私自身のトラウマも癒やされた

いま実は、もっと早く断酒会の皆様と接していればと思わずにはいられない。皆様の体験談を聴かせていただくことで、自己洞察が深まり自分自身の現実について気づき、理解しなおすことができてきた。認めたくない事実を受け入れ、洞察を得ようとするのである。「生きづらさ」に立ち向かう準備が少し出来てきたのである。

私も例会で自分の体験談を語る機会を頂いたことで、「自己開示」と「フィードバック」を重ねることにより、自分自身への「開放」と「許し」がどんどん広くなっていったのである。

アルコール依存症でない私も、多くの「自分らしく生きる」ヒントを頂いた。断酒会の中で語り続けられる数々の率直な体験談によって、私自身も「自分のありのままの姿で人と接すること」「他人の評価で一喜一憂しないこと」……そんな自分の姿を見極めることの大切さに気づかされたようだ。

もうおわかりかもしれない。私はいわゆる「ＡＣ（アダルトチルドレン）」で、私の家庭は「機能不全家族」だったのである。

自分の話をするにはとても勇気がいる。しかし、話すことにより自分で整理でき思い出すこともたくさんある。

家庭で兄から暴力を受けて育ったと話すと、聞いた人はどう思うか？　機能不全の家庭では、子供は感情を表わすことを許されていない。このような家庭の子供は親のニーズを察しなければならない。

「泣くのは止めなさい」「静かにしなさい」「そんなことをしてはいけません」「言うことをききなさい」「……すべき」「……すべきでない」「おまえはいつも……だ」などと。親の言うことに（正しかろうが、まちがっていようが）従わざるを得ないのである。

「躾」や「この子のため」という名目のもとに、母は私を思い通りにしようとコントロールしていたのではないか？　躾という正当な方法で、子どもを支配するという目には見えない形の虐待は、なかなか傍から見てもそれとわからない。本人さえも自覚できない。誰からも気づかれず、自分さえもその心の傷の存在に気づかないまま大人になった人、それがACである。

「うちは普通の家庭で、親は一生懸命自分を育ててくれた」と、ごく最近まで自分の育った家庭はどこにでもある普通の家庭だと思っていた。しかし「この生きづらさは何故？」と自問する日も多かった。

父は新聞記者だった。今でいう「ワーカーホリック」で、仕事をしている時だけが自分らしくいられる時間だったようだ。寝食を忘れ、家族も忘れて、仕事に熱中した。家庭はまったく母に任せきり、日曜日も家にいたことはなかった。

居たことがなかったのではなく、家から逃げて仕事に没頭していた。父にとっては家庭より仕事が大切だったのである。

私たち兄妹は母の言いつけに逆らうことなど許されない。たとえ腑に落ちなくても「私が間違っておりました」と正座をし、両手をついて謝るまで何時間でも許してはもらえない。今なら虐待と言われそうな躾だった。

そしてこの躾は、私が結婚し親になってからも続いた。母のやり方や教えた通りでないと30歳を過ぎた私も叱られていた。

そんな母は私が37歳の時に交通事故で亡くなった。この時は悲しい反面「これでもう叱られることはない」という思いから、「ホッとした」のも事実だった。

兄の家庭内暴力

私と兄とは7歳離れている。私が小学校三年の頃から、兄は第二反抗期の時期に入っていた。すでに母より体は大きいし力も強い。兄の母に対する反抗はかなり度を越していた。

突然母に向かって「バカ野郎」「お前が悪いんだ」「俺をこんな風にしたのはお前のせいだ！」と罵声をあげる。さらに握り拳を振り上げる、包丁を持ち出す、竹刀を振り回す。

暴力は母だけでなく、姉や私にも向けられた。いつも父がいない時に、決まって暴れるのだった。母は私たちを守るために兄を制めようとする。兄とのもみ合いで、あとで痛みに気づいたら肋骨が折れていたこともあった。そんな兄の行動を母は「男の子は反抗期が激しい」と言っていたが、私は嫌で、嫌でならなかった。

父は助けてくれないのかと思っていたが、口に出したことはなかった。

ある日、兄の拳が私の眼の上を直撃し、火花が飛んだ。もちろん翌日は青あざになっていた。そんな顔で学校へ行くのはとても嫌だった。

それでも「体の痛みを感じてはいけない、泣いてはいけない、家庭内のことを他所でしゃべってはいけない」と自分に言い聞かせていた。

友だちにも家に遊びに来てほしくない。このような状態は私が中学生になる頃まで続いた。どこの家もこんなものだろうと思いつつも、わが家がなんとなくおかしいのではないかという思いも消えなかった。暴力を振るう兄を「いつか殺してやりたい」という気持ちさえあった。

生きづらさの回復につながるまで

実はつい最近まで必要以上に周囲に気を遣い、素直に自分の感情を表現することができない。言いたいことが言えなくて、素直に伝えられない。感情を抑え過ぎて急に爆発することもあった。泣きたい時に泣けなかったり、必要以上に頑張りすぎて周囲との調和がとれないこともあった。

自分の中に「価値の低い自分」が居座っていた。それを他人に気づかれまいと必要以上に頑張る自分がいた。自分の体が悲鳴をあげているのに、気がつかない振りまでしていた。あげく「進行性乳がん」という病気をつくってしまった。

そんな私が断酒会の例会に参加したり、機関紙『かがり火』を読んだり、セミナーでの先生方の講演を拝聴するなかで、「もしかして自分はACなのではないか」と思うようになったのである。家族にアルコール依存症者はいないが、行き過ぎた厳しい躾、反抗期という名の家庭内暴力や精神的虐待、そこに機能不全家族という形が存在すること、それを「ＡＣＯＤ」と呼ぶことを知った。このことが少しずつ私の「生きづらさ」の回復につながることになったのである。

「気づき」がやってくるとき

全断連で事務局の仕事を始めた当初は、私自身が例会に参加することはなかった。私は「アルコール依存症」ではないからである。

しかし4年を過ぎた頃、仕事にも慣れて、少しずつであるが「アルコール」に関する相談電話を受けるようにもなってきた。

個々で受ける本人や家族からのアルコールに関する相談では、私が今まで習ってきたカウンセリングの知識は、ほとんど役に立たない。

いまでも忘れることの出来ない電話がある。

男性は開口一番、「何もかも嫌になった。生きていたくないからこれから自殺する」と言う。一瞬、何を言っているのか理解出来ない。電話の着信をみるとコウシュウと表示されていた。「自殺？」……私は何か言わなくてはと焦るが言葉が出ない。ようやく「何か言い残すことはないですか？」と返してしまった。なんて惨い言葉だろう。

実はこの電話を機に、私は断酒会の例会に参加するようになった。例会で語られる本人や家族の体験談を聴くことで得るものを、相談電話に生かそうと思ったからだ。

全国大会やブロック大会・東京セミナーや例会と出席できる時は参加した。その中で、講師の先生の話や本人の体験談を拝聴した。実際は、それが私の「回復」に繋がることにもなっていった。

そして、「気づき」はやってきた。

「生きづらさ」の正体「アダルトチルドレン」「機能不全家庭」私の生まれ育った家庭における親の影響、支配、親の拘束や兄の暴力ということを認める言葉。

私はそういう躾という支配や家庭内暴力を受けて育ったのである。その影響を受けながら今こういうふうに生きているということが理解できた。世代連鎖の中身は、他者との関係性のとりかたにある。相手を自分の思い通りに変えようと必死になる。弱い者を力で圧倒しようとする。いつも優劣で人と比較し、勝ち負けが問題となるような関係。思ったことを言えずに耐えて犠牲になっている関係。常に相手の承認や評価を求める関係など。

　子どもを支配するという目には見えない形の虐待は、なかなか傍から見てもそれとはわからない。私自身もその心の傷の存在に気づかないまま、大人になった。自分で自分がよくわからない。だから苦しい。

「何故、私がそのような目に逢わなければならなかったのか。」という思いはなかなか消すことが出来ない。

　父や母や兄に「なぜ・どうして」と聞きたかった。そんな思いをある例会で話した。その折、小樽石橋病院院長の白坂先生から、「その思い、手放したらもっと楽になるよ。ご両親もお兄さんも居ない今は、聞くことが出来ないのだから。」と言われたのだった。

「手放す、何を……？　身や心に加えられたことを忘れることは出来ない。まして手放すなんて無理……」

このとき実は「先生何言っているんですか？」と思っていた。

その後も機会があれば例会に参加していた。

ある例会で家族の体験談を聴いていたその時、「ハッ」と気がついた自分がいた。いままで責めていたのは自分自身。いつまでもその思いにしがみついていたのも自分だったと。

本当に向き合わなければならないのは、自分の中の「気持ち」。「こうあるべき、こうでなければならない」という、自分の中に棲む〈親や兄との関係〉だった。

このことをきっかけに、私は自分と他者との関係に境界線を持てるようになった。それとともに、自分の共感されなかった気持ちを家族に素直に表現し、聞いてもらうことが出来た。

例会でも話すことが出来た。肩の力を抜いて。

誰でも、自分は何者なのかということを考えなおし、自分のなかにあるダイヤモンドを発見することは出来る。ダイヤモンドに磨きをかけ、壁を越える体験をすることによって、人間は古い自分がとらわれていた呪縛から逃れることができる。自分の未熟さを認め、一方で自分を大切にし、自分を信じて社会と関わり、先に進もうという姿勢になれる。

そうしてはじめて、強く温かい人間となることもできると私は思う。

このとき行きづまった人には、チャンスが訪れる。

「いまがその時」と感じたら、キャリアをひらく新しい挑戦をはじめよう。私と全断連の出逢いがそうであったように。

「断酒会」と「公益社団法人　全日本断酒連盟」

「断酒会とは」

「断酒会」をご存じの方はどのくらいおられるでしょう？

では「断酒会」を知らなくても、「アルコール依存症」という呼び方は聞いたことがあると思う。でも「アルコール依存症」が「病気」だということをご存じの方は、どのくらいいらっしゃるでしょうか。

「断酒会」は１９５８年に誕生した酒害者による、酒害者のための自助組織です。自助組織は自助グループとも言われ、断酒会、ＡＡ（Alcoholics Anonymous）などがよく知られています。

アルコール依存症から回復しようとする人たちにとってなくてはならない集まりです。

24時間どこでもお酒を購入しようと思えば出来る日本では、自分だけの力で完全にアルコールを断って生きていくのは非常にむずかしいことです。

「断酒会」では20名前後のアルコール依存症者本人とその家族が集まり、定期的に例会が開かれています。例会では参加者がお互いに自らの酒害体験を語り、聞くことが行われます。

断酒会では、「例会は体験談にはじまり、体験談におわる」といわれており、自らの酒害体験を語り仲間の体験を聴くことが大切なことととされています。くり返し体験談を語り聴くことにより仲間との絆がつよくなり「一日断酒」、「例会出席」を実践できるようになります。

人は、自分の悩みや苦しみ辛さを誰もわかってくれないと感じるとき孤独になります。

しかし、話せる場、安心して話しても大丈夫と思えると、時に「ホッと」することができます。そして、癒されていきます。それが、共通の体験を持つ人との出会いの場です。

悩みや葛藤は言葉にして表現することによって浄化されます。体験を語ることは心を浄化することだけでなく、自分と向き合うことで自分の中の問題や欠点に気づくことが出来るようになり、自分が変わるきっかけを得ることが出来ます。

「安心、安全」の場、例会で長い飲酒生活の間に傷つきあるいは失われた家族や社会との信頼関係を取り戻すことが出来るようになるのです。

「公益社団法人　全日本断酒連盟」

公益社団法人全日本断酒連盟は、昭和28年に創立された断酒友の会（昭和33年東京断酒新生会となる）と昭和33年に発足した高知県断酒新生会が、昭和38年に合流して結成され、その後、急速に日本全国に組織を拡大していったものです。現在では北海道から沖縄まで各都道府県に加盟断酒会・連合会があり、地域断酒会の総数は約６５０、会員数約８０００人を擁し、日本最大の自助組織となっています。

その事業目的は「酒害に関する社会啓発と地域における断酒組織の結成を促すこと」で、結成以来、組織の拡大・充実を図ることで、一貫してアルコール依存症者の回復と社会復帰支援に努めるとともにアルコール依存症に関する社会的偏見の払拭に邁進してきています。（公益社団法人全日本断酒連盟ＨＰより一部抜粋）

昨年発表された厚労省研究班推計では、アルコール依存症で治療必要とされる方は109万人

アルコール依存症で治療が必要な人は、国内にどのくらいいるのでしょうか？――。条件の違いによりさまざまな数字がありますが、厚生労働省研究班（樋口進代表）が最新の全国調査に基づき、約109万人とする推計をまとめました。

調査は平成25年7月、全国から無作為に抽出した成人のうち、同意が得られた4153人（59％）に面接し、飲酒習慣や治療経験などを聴いて行われました。

アルコール依存症は、死と隣り合わせの病です。家庭の崩壊につながることもしばしばです。なかでも目を引くのは女性の増加です。それは14万人と、10年前の8万人から二倍近くに急増しました。

そして、こちらの数字、推計109万人の患者の中には、高齢者が29万人含まれています。

実録

断酒幸福

金本　生（岡山県津山断酒新生会）

第一話　酒乱地獄

初めてアルコールを口にしたのは、高校の卒業式を終えた日の夜でした。法律で未成年者の飲酒は禁じられていますが、社会人になれば酒、たばこは良いと思っていた私は、友人の家でビールを飲み、「この世にこんなおいしい飲み物があったのか」と驚きました。

東京の神田に就職すると、毎晩、仕事帰りには駅のガード下のバーの扉を開けるようになりました。十八歳の一人暮らし。友だちも親族もいない都会で生活するさびしさもあって、酒を求めたのかもしれません。毎晩、給料をバーに注ぎ込む生活でした。

三年間の東京生活を終え、父の営む食品製造会社を継ぐため郷里に帰りました。

その後仕事もよく頑張ったと思いますが、アルコールは切れることがなく、今思えば二十六歳で結婚したころには、アルコール依存症になっていたと思います。

三人の男の子に恵まれ、三十歳を過ぎたころからです。朝、目が覚めると二日酔いのズキズキする頭を治すために台所へ行き、妻の目を盗んでは飲酒を繰り返すようになりました。

震える手で一升瓶を持ち、ガラスコップに酒を注ぐ。妻や子どもが見に来るのではないかと聞き耳を立て、震える右手を左手で押さえ一口。震えは止まらず、一気に全部飲み干すと、のどから食道を通り胃に入る何とも言えない心地よさ。フッと一息吐くと、数秒後、不思議なことに震えは止まっています。

「アル中がアル中でなくなる酒の一杯」。気分もよくなり、気も強くなり、妻子の前で朝から堂々と、今度は震えない手で酒を注ぎます。それが三杯四杯となります。子どもが学校に行き、妻が出勤すると、私は誰もいない家で、遠慮することなく冷酒をあおります。

酒がなくなると飲酒運転で酒屋に。そこに日中飲んでいる飲み友だちがいれば話に花が咲き、いなければ誰か来るまで飲みながら待ちます。

仕事の「し」の字も頭になく、見ず知らずの酒飲みと意気投合してはしご酒したり、チンピラと殴り合いのけんかをしたりしました。おとなしく飲んでいる客にも、ぐずぐず話しかけては嫌われる、鼻持ちならないアル中となっていました。

私がこの世で一番こよなく愛しているのが酒でした。「酒を控えろ」と言われれば腹を立て、失敗すれば「酒の上のこと。目くじらを立てることもあるまいに」と、都合の良い方に解釈します。他人が悪くて自分はいつも正しいと錯覚していたのです。

家庭内では、酒を隠されて妻を殴り、「お父さんお酒を飲まないで」という子どもの言葉に逆上して、「親に盾突くのか」と殴る。家族は私に暴力を振るわせないため、飲酒には口を出さなくなりました。それを良いことに酒量は上がり、食事もせず四六時中アルコール漬けとなりました。やがて歩行さえ困難になり、ハイハイしながらトイレに行く始末で、あげくにトイレに行っても便座から立ち上がれません…。

「酒はやめよう。今日だけ飲んで明日から絶対にやめよう」と心に固く誓うのですが、次の日になれば、また飲んでいました。

「今日やめて、明日飲もう」という「一日断酒」を教えてもらったのは、断酒会に入ってからでした。

今でこそ二十三年間断酒を続けている私ですが、かつては抜け道のない酒乱地獄に陥っていました。アルコール依存症は誰にでも起こり得る問題です。私と妻（悦子）の体験を通し、多くの方に酒害の怖さと断酒のもたらす幸福を知ってもらいたいと思います。

第二話　酒乱地獄からの回復

私たち夫婦は、津山市で従業員十三人の食品製造会社を経営しています。十八歳から飲んだ酒で「楽しい酒、つらい酒、苦しい酒、にがい酒」と、いろんな形がありましたが、アルコール依存症になったのは、長期間の大量飲酒にほかなりません。

三十歳で胃潰瘍になり、胃の五分の四を切除しました。おかゆもご飯ものどを通らず、退院後も酒ばかりの生活でした。

四十歳で心筋梗塞になり、何とか生き返ったけれど、退院後、血管を太くするのは酒しかないと飲み続けました。四十一歳ですい臓壊死。「痛い」という言葉では済まないぐらい痛かったのですが、「食べ物ではすい液が出ないので、酒が良い」と、勝手に自分で判断して飲みました。

四十二歳でビュルガー病になりました。「栄養失調で両ひざから切除しなければいけない」と医者から忠告されました。大病を患いながらも九死に一生を得る日々。医者からは「あと三年の命ですよ」と警告を受けながらもまだ飲み、お腹も顔も腫れ、この世のものとは思えない姿でした。

妻は開き直り、一階と二階に分かれて生活を始めました。「やめなくてはいけない」と思っても自分の意思を上回った酒は、自分の意思では止められなかったのです。

しかし、そんな異常なまでの状態の中で、妻は、私がふと漏らした「酒をやめたい」という言葉に気がついたそうです。それは死ぬのを恐れているようでもあり、「自分なりにどうにもならなくなって助けを求めているのでは」と思ったそうです。

妻は親兄弟に相談しましたが、「今までに何度も注意をしたのに止めなかったのだから、もう死ななければ治らない」と言って取り合ってくれません。私の体はガタガタ、家庭は崩壊寸前でした。

意を決した妻は、三人の子どもと犬一匹を私の母に預けて、最後の家出をしました。私は「これで自由に飲める」と、ワンカップを両手一杯に抱えて家に帰ります。しかし家族のいない家の真っ暗な玄関を入り、蛍光灯をつけ、ただ一人酒を抱えて飲む寂しさは、こたえました。

母に妻を捜してくれるように頼み、妻子が帰ってくれれば精神科病院で診てもらい、断酒会に入ることを約束しました。妻はもう一度だけだまされようと帰ってきたそうです。

希望ケ丘ホスピタル（津山市）で毎週火曜日に酒害相談があることを聞き、私は妻、母とともに、柳田公佑医師の診察を受けました。

「あなたは立派なアルコール依存症です」そう断言され、「入院してアルコールを切る方が楽ですが、通院でやってみましょう」と、断酒会を紹介してもらいました。そして「津山断酒新生会」に入会しました。

酒を切ることは大変でした。一月の寒い日に暖房をつけ、こたつに潜り込み、四、五枚大布団を掛けても、酒のない体はガタガタと震えます。枕元に大きなやかんを置き、水をガブガブ飲む。食べ物は体が一切受け付けません。そのうち、家の外を取り巻いた警察官がガヤガヤ騒ぎ、「逮捕する」という声まで聞こえてきました。でも飛び出してみると誰もいません。典型的な幻聴、幻覚です。

この「しんどさ」を治すのは簡単です。酒を飲むことです。「家のすぐ近くに酒屋がある。そこまで行け」と酒がささやきます。日中は、その声との闘いです。

夜は毎晩七時から九時の断酒例会に通います。

断酒会会員、会員の奥さん、皆さんの励ましをいただき、少しずつ薄紙をはがすように回復に向かいます。そして現在に至るまで飲むことなく、断酒が継続されているのです。

私たち家族は断酒会に入るまで、酒害に巻き込まれ悩み苦しみましたが、今は平凡ですが最高に幸福です。今は妻、家族が「お父さんアルコール依存症になってくれてありがとう」とさえ言ってくれます。

第三話　家族の苦しみ

金本　悦子

前回までは夫による依存症体験でしたが、今回から三回、家族の側からのかかわりについて書きたいと思います。

還暦を迎えた私たち夫婦は現在、三世代六人家族で二人のかわいい孫も一緒です。夫の酒害に苦しんでいたころからはとても考えられず、ごく平凡な毎日の生活が、こんなに幸せなものなのかと実感しています。

私たちが見合い結婚したのは一九六六年。夫が二十七歳、私が二十二歳でした。私の実家では、誰もお酒を飲まなかったので、その怖さや苦しさは知るよしもなく、むしろ飲める人の方が楽しくて頼もしいとさえ思っていました。

結婚後、商売上の付き合いだと毎日飲んでいた夫は、やがて、親、兄弟、私の実家といざこざを起こすようになります。仕事の方も、二日酔いで出社が日増しに遅くなり、仕事にならないまま午後三時には帰宅するありさまでした。

帰宅後も酒は切れず、酔った勢いで夜中であろうと、思いつくまま誰にでも電話をかけました。しかも私や子どもにまで電話をかけさせ、断ると「わしの言うことが聞けんのか」と怒り出します。

さらに、酒を止める私に腹を立て、私の実家に電話をして「最低の嫁だ。引取りに来い」と大声で怒鳴った上、長年病に伏している父に「親だろう。責任を取れ」と不満をぶつけます。私が嫁に行くとき、「つらいことがあったら、いつでも帰って来いよ」と言って送り出してくれた父です。どんなに悔しい思いをしたことでしょう。

夫は、何かにつけて意見が合わなかった職人肌の自分の父にも酔っては電話をかけ、夜遅くまで攻撃していました。

ある時、会社の営業の人が急病で入院し、免許取り立ての私が県内の得意先を回ったことがあります。女性が自動車に乗ること自体が珍しい時代、幼い三男を助手席に乗せての配達でした。

子どもなりに大変さを感じたのでしょうか、三歳の子が「僕が大きくなったら運転してお母さんを助けてあげる」と慰めてくれました。その言葉に勇気づけられ、無我夢中で営業に配達にと車を走らせました。

そのうち、見て見ぬふりして酒を飲んでいた夫も、ようやく酒をやめて配達に出てくれるようになりました。が、それもつかの間、工場で作業をしていた従業員が指を切断してしまうという事故をきっかけに、前にも増して飲み続ける生活に戻ってしまいました。

「これ以上耐えられない」――身も心も疲れきった私は、三人の子どもを連れて誰にも知らせず家を出ました。市内にアパートを借り、後は職を探すだけとなった時、夫が子どもたちの通う小学校に連絡し、自分のもとへ帰るよう子どもたちを説得しました。

子ども心にさんざん迷ったのでしょう。放課後の校庭で履いていた靴を投げ、「表が出たら夫、裏が出たら私」のもとに帰ろうと話し合ったようです。目をつむって投げた靴は表が出て、子どもたちは夫のもとへ帰りました。

子どもたちにとって、酒を飲んでいない夫は、よくいっしょに遊んでくれる大好きなお父さんだったようです。

私はそれまでにも、夫と別れて子どもたちと四人で暮らそうと考えたことが何度あったか分かりません。でも、「お母さんが我慢できるなら僕らは我慢するよ」と子どもたちに優しく言われると、くじけます。子どもたちの将来を考えると、逃げるのは私一人の身勝手なのかとも思いました。

私自身、女手ひとつで三人の子どもを育てる自信もありませんでした。子どもを残して家を出ても、子どもたちは大きくなったら私を恨むでしょう。結局、夫のもとへ帰らざるを得ませんでした。しかし、夫が酒におぼれると、生活は子どもたちも巻き込んで荒れ、私の心も荒れていきました。

私は心の葛藤と、どうあがいても逃げ出せない絶望の中で苦しみ続けることになりました。

第四話　家族の戦い

金本　悦子

夫に酒をやめさせる良い方法はないものかと日夜思案した末に、私は夫を精神科病院に連れて行こうと決心しました。

私自身、精神科病院に対しての強い偏見があったので、親族の迷惑を考えて、まず夫の母と兄弟に相談し承諾を得ました。

次はどうやって夫を病院に連れて行くかです。「はい行きます」と素直に応じてくれる人ではありません。自らの意思で行く気になってもらうため、私は別居することを決心しました。子どもたちの世話は夫の母が見てくれ、上二人の子どもも「僕らは中学も出たし、いつでも働けるよ」と言ってくれました。私は、この機会にすべてを賭けようと決意しました。

その年のおおみそかでした。「あなたが病院に行く気にならない限り、もう家には戻りません」と、はっきり気持ちを伝えて私は姿を隠しました。

それから数日後、家に電話すると、夫の母が「病院に行って酒をやめると言っているので、すぐに戻ってきて」と言います。「本当かしら。また元のもくあみになるのでは」と不安でした。夫は一人寂しく正月を過ごし、妻も子もいないこれからの生活を思い、心細くなったようです。

母は「もう一度だまされたと思って帰って来て」と電話の向こうで泣いています。「もう一回うちの息子を信じて・・・」と年老いた母が嫁に頭を下げて頼む言葉は、私の心に切なく響きました。それは酒害に苦しむ子を思う親の切ない叫びでした。

「だまされてもいい。もう一度だけ信じてみよう」と思いを決め、母に帰る約束をしました。

家へ帰ると、その足で夫と母と三人で精神科病院へ向かいました。そこで出会った医師は「奥さんとお母さんは席をはずしてください」とおっしゃいました。今まで周囲から責められてばかりいた夫は、自分と向き合ってくれる医師を信頼したようでした。

再び診察室に呼ばれると、「入院する必要はありません。断酒会に入れば断酒できますよ」と言われました。いままで夫は、「あんな会に入ったらアル中の烙印を押されて商売はできない」と断酒会を拒否していましたが、いまは医師の言葉に嫌がる様子はありませんでした。

私たちは病院を出た足で断酒会の会長（津山断酒新生会の故高務正志氏）のお宅を訪ねました。見学した断酒例会では、私たち以上に苦労している酒害者の家族の体験発表を聞いて驚きました。そしてご家族で、毎日毎日熱心に例会に通って努力されている姿に感動し、私も「ここまできたらどんなことでも努力してみよう」と、入会に踏み切りました。

入会後、二人で例会に通い続けました。例会は午後七時から九時まであります。家に残した子どもたちが気になりましたが、夫の母に協力してもらいながら出席を続けました。疲れて交通事故を起こしたこともありましたが、「これしか助かる道はないのだ」と頑張り続けました。

ただ、「子どもたちは寂しくないのだろうか」と私自身、母親として苦しい思いで胸がはちきれそうでした。三人の子どもたちもインスタントラーメンやスーパーで買った弁当で夕食を済ませて我慢し、「父さんの飲んでいたころの生活を思えば、今の生活の方がとても幸せ」と言って、私たちを励ましてくれました。「子どもたちを苦しめないためには夫の断酒が先」と自分自身に何度も何度も言い聞かせ、綱渡りのような生活を送り続けてきました。

断酒の日々を積み重ね、現在、二十三年目を迎えています。この間、私は多くの人に支えられながら、妻として母として嫁として多くの決断をしてきました。そして今、家族全員が平凡ですが、幸せな日々を送らせてもらっています。

第三話　息子の作文

金本　悦子

私たちが津山断酒新生会に入会した年に発行された創立十周年記念誌に、当時中学校三年生だった息子が書いた「アル中の父を持って」という手記があります。初心を思い起こすために紹介したいと思います。

昔、父は酒を飲んだらすぐ暴れる酒癖の悪い父だった。いやそれは仕方のないことだった。なぜならば父は一種の病気だったからです。そう、風邪をひいたらどこか健康な人と違う現象が起きるのと一緒です。アル中はそれと同じです。

しかしアル中は他の病気と少し違うところがあります。それは自分の意志だけではどうしようもないところです。父も何度か自分の意志だけで酒をやめるように努力してきました。しかしいつかは崩れます。何度も試しましたがやはり結果は同じです。

その父の意志の弱さを見るたびに思いました。「人間の意志には限界がある。いくら頑張ったところでどうにもならないのである」と。しかしふと思いました。父の過ぎ去った過去のことです。あの毎晩、毎晩父が暴れた日のことを思い出したのでした。「あの過去の日々のことがなかったら、僕はどんなに少年時代を楽しく過ごすことができたのだろう」と。

いやそこでまた思い直しました。「この父のアル中のおかげで、このダメな僕が立派な人間になれたのだろう」と。

それはその後で父が僕をしかってくれたからです。（理由もなくしかるのはどうかと思うけど）父のアル中のおかげでどんな苦しいことにも耐えて来れて、一人前の人間としてやって来れたのでした。

前にアル中を風邪と比較しましたが、この二つはよく似た病気です。なぜなら風邪は毎年ひきます。そして毎年薬を飲んで治します。つまり風邪は完全に治す方法がないのです。それに比べて父は、なんともよいアル中という病気になってくれたのだろうかと思います。

アル中は治すことができるのです。それも断酒会という名薬のおかげです。

そしてこの名薬のおかげで、父の人間関係がまた一段と広くなりました。そして、今、会社でも僕たちの心配をよそに手を広げています。このように父が人間関係を広げていくと、日本中、いや世界中の人間が、父の良さを知るようになるのではないかと思います。

このような言葉で言い表せないような父に、僕のような心の小さい息子がいていいのだろうかと思う今日このごろです。そして最後にいろいろ試したけれど治すことができなかった父のアル中を、一発で治してくれた断酒会に僕からノーベル賞を贈りたいと思います。

以上が息子の中三の折の作文です。

当時、私は三人の子どもを置いて毎夜の断酒例会への出席をどう段取りしたらよいか、頭の中が混乱していました。留守は別居している夫の母に頼みました。五月に高知県、八月に島根県でそれぞれ断酒学校が三日間あり、それに参加するには、夫の母にお願いするしかありませんでした。

今思うとそれは、バラバラになった家族の心が密になって行く、第一歩だったようです。子どもたちも自立精神が養われたように思います。私は仕事の段取りや家庭の母親としての役割と、とても忙しい毎日を過ごしましたが、精神的には夫が飲み続けている状態よりははるかに楽でした。それは「良くなる」方向に進んでいるという確証が、断酒会の中にあったからです。

その後三人の子どもたちは、それぞれ所帯を持って独立しました。夫の母ともいろいろありましたが、夫を立ち直らせるために世間で言う「嫁と姑」の問題も克服し、母は感謝の言葉を残し、昨年九十二歳で逝きました。私が一番母に感謝しています。

「おばあちゃん、断酒例会に行ってきます。留守お願い」と感謝の手を合わせて、今夜も例会に通う毎日を送っています。

第六話　断酒会のこと

断酒会は「反省」ということでは、世間のお手本となれる存在です。

毎日飲み続けた酒だから、毎日の例会の中で酒害体験を繰り返し、繰り返し語ります。その中で日々反省し、失敗を繰り返す愚かさを捨てられるからです。一日断酒した姿を断友に見てもらいに、例会に必ず出席します。そして昨日のことのように酒害地獄を語り続けます。

酒害者の私たちが家族を楽にするのは、お金での償いではなく、酒をキッチリやめることなのです。しかし断酒を継続し、別れた妻子との関係が改善され、「あと一息で同居かな」と思ったときに再飲酒して、元のもくあみということがよくあります。この再飲酒を防ぐために「断酒会」があるのです。

私たちは長年の飲酒生活の中で、家族や世間に迷惑をかけ、当然信頼されなくなっています。「一日の断酒と例会への夫婦出席」で酒害から回復し、信頼を取り戻さなければなりません。

誰にでも失敗はあります。失敗したら冷静に反省し、二度と繰り返さないことを「賢明」と言います。逆に、反省もなく何回も繰り返すことを「愚か」と言います。人間は絶えず反省し続けることで賢明になり、安全に生きられます。「断酒例会」は、真剣に自分を反省する場であり、会員家族の体験談は自分の体験を反省するための道しるべです。「断酒例会」の中で実践して自分を知り、「断酒幸福」を追求し続けます。

私も「岡山県津山断酒新生会」に入会して、今年で断酒二十三年を迎えます。昨年十一月から私が理事長、妻が家族会の会長を務めるようになりました。これまで断酒できたのも「断酒会」と「断酒朋友」に出会えたおかげと、感謝の念でいっぱいです。

飲酒当時、私は私なりに断酒に挑戦したことがたびたびありますが、一〜三ヶ月しか続きませんでした。「断酒会」を知らなかったのが失敗の原因でした。

例会は八十二人の会員家族が交互に、飲酒時の体験談とともに断酒したことによる家庭の幸福を語ります。今酒害で悩まれている家族の方は、ぜひ来ていただきたいと思います。「アルコール依存症は治る病気」です。

地域断酒会は公益社団法人全日本断酒連盟を上部団体に、全国に六百五十会あります。会員家族は三万六千人に上ります。

一口に断酒会といっても、全日本断酒連盟の中にはさまざまな分科会がありまず。先天性の身体障害者でアルコール依存症になった人、飲んでいたために事故を起こし、身体障害者になった人の「虹の会」があります。その会員は「酒害と身障」の二重苦を克服しようと頑張っています。

女性酒害者による「アメシストの会」もあります。近年、女性酒害者が増えています。アルコール依存症は男女を問わず誰もがかかる病気です。いっしょに治しましょう。

このほかにも、ＡＣ（アダルトチルドレン＝アルコール依存症家庭で育ち、大人になった人）の、親と子が連鎖してアルコール依存症になった人たちが連鎖を断ち切る勉強をしている「親と子を考える会」。独身酒害者による「シングルの会」もあります。

アルコール依存症になった過程は、人それぞれ千差万別ですが、「断酒」する基本は「断酒会」の中にあります。酒害に悩まれているご家庭に再度言います。断酒会に来て、見てください。あなたの「断酒幸福」はすぐそこにあります。

第七話　ネットワーク

社団法人全日本断酒連盟はアルコール依存症から立ち直った三万六千人の会員と家族が、酒害に悩むアルコール依存症になった本人と家族を助ける運動をしております。

厚生労働省によると、大量飲酒者（一日日本酒換算で五・五合以上飲む人）は全国に二百四十万人と言われ、その人にかかる医療費は推定二兆円にも上ります。また、一九八七年の国の試算では、医療費を含む社会弊害は六兆六千億円と推定されています。アルコール依存症の撲滅は急務であると言えるでしょう。

ＮＰＯ法人岡山県断酒新生会とＮＰＯ法人岡山県津山断酒新生会は、日本で初めて、アルコール依存症の予防・回復を図るネットワークの構築を岡山県に提案しています。さまざまな立場の組織・機関が連携して酒害啓蒙し、酒を断ち社会の秩序を守る地域運動を起こすのが狙いです。

県精神保健福祉センター（岡山市古京町）に事務局を置き、現在、県内の各県民局、市町村、議会、教育委員会、町内会、愛育委員、民生委員、保護司、産業医、警察、保健所、メディアなどと幅広く呼びかけています。医療機関については精神科だけでなく、内科や外科にもメンバーに入ってもらいたいと思っています。

偏見が強いアルコール依存症は、本人は病気を否認し、家族も恥ずかしいからと周囲に隠しているケースが多いのが現状です。それだけに第三者の目が重要で、ネットワーク化により地域のさまざまな立場の人や機関が関わることで、早めの相談へと導きやすくなります。

県内の多くの市民の皆さんからご意見、ご提案をいただきながら、ネットワークの構築をしていきたいと思います。

アルコール依存症の死亡平均年齢は、五十三歳と言われます。われわれアルコール依存症者は節酒できません。「飲んで死ぬか、酒を断って生きるか」の二つの道しかありません。仕事（お金）は衣食住を満たすために必要ですが、アルコール依存症者には生きるために断酒が必要なのです。

断酒は生涯を掛けた一大事業です。家族は、お酒を飲まないお父さんは優しい、すばらしい、立派なお父さんだったと思います。アルコール依存症は「家族ぐるみの病気」と言われ、家族が真剣に断酒に取り組めば、飲まなかったころのすばらしいお父さんの人格を取り戻すことができます。

職場では優秀だった社員が、単身赴任などをきっかけに大量飲酒者になり、トラブルを起こしたり、無断欠勤が多くなるということがよくあります。経営者は退職勧告、解雇をせざるを得ませんが、その前に産業医に一度相談していただきたいと思います。

縁あって入社し、優秀な人材に育ち、これから会社の役に立つという時、退職、解雇は会社が多くの資金を掛けた人材の損失です。アルコール依存症者は治ります。そして、優秀であった時に戻り、会社の人材となり、活躍するでしょう。

断酒会はアルコール依存症という病気になった者の自助集団であり、依存症を断ち切るための最も有効な手段です。「断酒幸福」をめざし歩み続けていきます。

【平成18年（2006）山陽新聞朝刊所載―こころの処方せん―より】

回復の記録　1

包まれたい

楠　慶一（山形県）

梅雨時だがしばらく晴れ間が続いている。あいかわらず早起きの私は、今朝も鳥の鳴く声の中で、白みかけてきた空をながめたり、まだ車もあまり通らない家の前の道路の中央に立って、点滅信号の向こうからうっすらと徐々に浮かんでくる山々を見ている。

ここのところ、不規則に不安定になる認知症の母親につきあってのストレスや、仕事疲れのせいか、ため息をつく数も多くなった。ときどき、この日々の生活からそそくさと逃げ出し、野原や山の静寂の中で、大きくて温かい懐のようなものに包まれたくなる時がある。

若い頃の母親が、ブランコに座っている幼少の私の側に立って、それを押してくれている「押入れの中のモノクロ写真」のようなもの。回帰願望のようで、単なる懐かしさだけのようなものでもなく、生まれたての赤ん坊のころに戻ったような、大きな懐に抱かれたときの安心感や安堵感が欲しい……ような。

いつまでも大人になりきれないのが、今の私の姿なのかもしれない。

子供の頃にはどこにでも咲いていた菜の花だが、近頃は群生している菜の花を見るには、わざわざ出かけていかないと見られなくなった。その菜の花畑に会いに出かけたとき、久しぶりに見るあたり一面の黄色の鮮やかさに驚き、その花の中に包まれたい衝動に駆られた。そしてその菜の花がゆりかごのようになって、その中でゆらりゆられて眠りたいと思った。

大きな懐は、自分の中の不安定さや弱さも含めて全て、そんなことはどうでもいい……そう思わせてくれるような気がした。私が今まで探し求めていたものは？　そんな安心感とか落ち着きだったのかもしれない。

幼少の頃、真夜中の暗闇の中での出来事があった。それが繰り返されるたびに私の中の不安は大きくなり、吐き気とともに落ち着かなくなった。それからの私は、自分の言葉や感情を隅っこに押し込めることを覚え、できるだけ何事もなかったかのように振舞ってきた。

そう……そんなことはもうどうでもいいんだ……そう思った。時間が止まったようなモノクロの静寂空間が、黄色と緑と青のカラーになった。

そして、この里山に植えられたばかりの田の苗と菜の花も私も、すべてが柔らかい風の中にあることを感じた。おぼろ月夜…「菜の花畑に入日薄れ、見わたす山の端……霞ふかし」……先ほどのあの景色のひとつひとつを思い出しながら、夕暮れの家路についた。

もうすぐ七夕か……壁のカレンダーが、私に教えてくれた。

そういえば、ここしばらくの間、星や月をながめることも忘れていたなと思い、暗くなったばかりの外へ出てみた。

七夕は織姫と彦星が、この日を待ちわびながら年に一度天の川を渡り再会する日でもある。……が、二人の再会や出会いだけに限ったことではなく、夜空を流れる悠久の時間の川に、さまざまな想いや願いを託す時にしてもいいだろう。

夜空を眺めていると、今はたくさんの星の中の一つになってしまった仲間と、国道4号線を北に向かって車を走らせた日を思い出した。

車の中で何を話しながら北へ向かったのかはよく覚えていないが、アル中二人の話題といえば、酒がらみの体験談、幼少の頃のことや、彼の母親もアル中だったこと、などに耳を傾けながら車を走らせた。その晩は、国道の脇を入った橋の下で寝ることが決まり、そこにシートを敷き横になった。

ここは「銀河鉄道の夜」の作者、宮沢賢治のふるさと。頭上を見上げると、その作品に似た満点の星がどこまでも広がっている。横の仲間の顔を見ると、もうすでに眠っていた。どんな夢を見ながら眠っていたのだろう。彼も私と同じく、過ぎた酒やギャンブルの借金などで家族を失い、一人暮らしをしていた。

彼の家の中には、子供たちが残していった喜びや哀しみの匂いが、出て行ったときと変わらずにあちこちにあった。

いつもニッカポッカを履いて建築現場の足場組みの仕事をしていた彼は、弱音を吐くことも知らずかどうか、あそこの足場も俺が組んだんだと、いつも笑いながら話をしてくれた。ある日、晩飯や風呂を言い訳に私の家に泊まりにきた。夜中、寝付けないのか冷蔵庫からスイカを出して、うつむきながら食べていた寂しそうな彼の背中を、今でも忘れていない。そんな彼の命日も近くなった。

天上への旅の途中「どこまでもどこまでも一緒に行こう」……生者ジョバンニは、死者カンパネルラに語りかける。天上行きの列車の窓から洩れる明かりと二人の会話は、闇の中で帯となり光の列となって、今でもここで輝き続けているのだろう。

この夜空と、あの晩やぶ蚊に刺されながら見た広大な満天の夜空の星との違いはない。ただ、今は仲間たちとの関わりの中でもらった安心感や少しの落ち着きで、同じ星を見ている。

人間をはるかに超えた何か……形の無い広大なもの…無限の…目に見えない…そういう何かに身を置いたとき、ちっぽけでも一つ存在することの不思議さに言葉を探せないでいる自分だが、それでもそれだけで十分だ、と感じる。

これまでも、そしてこれからも、ため息まじりに歩いていくしかないと思った。できたら少しずつその数を減らしながら。

（断酒会仲間誌『春夏秋冬』より転載）

回復の記録 2

午前二時・雨の音を聞きながら

楠　慶一（山形県）

雨音で目が覚めた。枕もとの携帯電話で時間を確認する。午前二時。布団の中でぼんやりしていると、半分眠ったような頭の中に、過日母親を連れだって行った、父と祖母の墓参りのことが頭に浮かんできた。

母親は、夢の中かどうかわからないが、とうに亡くなった祖母の幻を見るらしく、自分の母親がまだ生きていると半分信じているようで、「会いたいから住んでる家に連れてってくれ」と、子供に返ったように私にせがむようになった。

困った私は、秋の彼岸にも墓参したのだが、墓地全体が雪に覆われる季節を前にもう一度見せておこうと思っての墓参りだった。小さなポットにお茶を入れてから線香を持って出かけた。

その日は、これからの冬の季節を思い出させるような曇よりとした空のわりに、首筋あたりが少し汗ばんだ。あたりのコスモスが秋の風に揺れる中、父親の墓に手を合わせ終えて、帰ろうと車に乗り込もうとしたとき、「まだ線香も上げていないのに帰るのか」と言い出した。しかたなく、また墓に戻り再び手を合わせた。その親父もまた脳血管障害による認知症で、亡くなる前までときどき私に「煙草をくれ」と、せがんだ。私は、火事でも出されたら困るというので、全部取り上げたのだった。

その親父の声が、いまも私の耳に残っていて、亡くなる前に最後だけでも吸わせてあげた方が良かったのではないか、と手を合わせながら考えていた。そんな後ろめたさの小さなかけらが、まだ心の中に残っていたんだなと思った。

布団から抜け出すにはまだ早い時間だったが、一杯のコーヒーを飲むのが寝起きの癖のようなもので、湯を沸かしコーヒーをカップに注いだ。以前のような目覚めの酒の一杯が、今はコーヒーになっただけで、やってることがあまり変わらない自分に苦笑いをした。そして雨の音を聞きながら、この深夜、コーヒーカップ片手に静けさの時間の中にいる自分を確認した。酒の無い日々から少しの落ち着きをもらい、いまコーヒーを口に運んでいる自分がいる。これが安らぎとか平安とかいうものなら、この安らぎの時間が欲しかったなら酒やクスリには決して手を出さない、という条件がついていることに間違いはないだろう。

夜中に身体から酒が切れ始めると、いてもたってもいられず苦しまぎれに髪の毛をかきむしりながら、裸足で家を飛び出した。そして、酒屋の裏手にある空の酒瓶の滴を手の平に集め、それをなめながら真夜中の街や墓場をうろついていた私。毎夜泥酔して家に舞い戻る私に向かって「何処かさ行って、死んでくれ！一人で死ねながったら、母ちゃんも一緒に死ぬが……」と、心中を持ちかけてきた母親。その母親も、今は隣の部屋で寝息を立てながら眠っている。

もちろん、こんなアル中の自分になろうとして酒を飲み始めた意識はなく、幸せや至福の時間を求めての泥酔の日々だったと思うし、酔いの中で、ああすれば良いとか、こうやったらうまくいく、とかの幸せの幻想の中にいた私。

それでも、こんな無様な日々から抜け出そうと、幸せの青い鳥のような幻想を求めて結婚し子供も授かるのだが、私の手の中の青い鳥は、酒といっしょに黒いカラスになった。

幻想はその後幻覚となり、私はますます酒に溺れていく。長い間、家庭内だけで処理しようと臭いものに蓋をしてきたが、問題が大きくなるにつれ蓋がはずれていった。

ブラインドの隙間から外を眺めた。

相変わらず秋の雨が降り続いている。窓ガラスに、家の前を通る車のライトが反射して顔を照らした。自分のその顔を見ながら、私という人間を知ることのできる鍵を渡してくれた、これまでの酒の無い日々をありがたいと思った。その入り口の鍵を見つけてみたい、と一生懸命だった私。

運よく断酒会に繋がり、酒をやめ始めたばかりの頃、じっとしていることができず国道１１２号線を北に向かって、車を走らせたことがあった。真夜中はいくら国道でも交通量が少なく、あたりの闇を照らし出す光は私の車と対向車のトラックだけ。運転しながら、私は震えている自分に気がついた。独り、ひとり、ひとりぼっち……。

酒びたりの末、妻や子供が家を出ていってから、しらふでそれらに向き合った初めての瞬間だったと思う。夏に終わりを告げようとしていた海は穏やかで、ただ寄せたり返したりを延々と続けていた。防波堤に腰を下ろしそれを眺めている私。長い時間泥酔している間に、家族からそして社会から自分が忘れ去られていったような寂しさ。今はそんな自分の感情につきあいきれず持て余しているだけではないのか……。

寂しさの感情は媚薬であり、誤るとそれに溺れやすい。私の背中のあたりを何人かのグループが笑い声をあげながら通り過ぎていった。この真夜中の寄せては返すだけの波が、自分の思いや感情を受け止めきれないでいる私に向かって、今は、いまのままの自分でいいんだよ、と語りかけてくれたような気がした。

この遅まきながらの自己肯定感は、それからの自分への指針となり、前へ進む原動力になった。

私は二杯目のコーヒーをカップに注いだ。酔いを求めてさまよい歩いたほんの少し昔の午前二時。そこにタイムスリップしながらの時間と秋の雨音が、精神安定剤となって身体に染み込んでいく。

しばらくして小降りになった雨の中、家の前に新聞配達のバイクが止まった。その新聞記事に目を通すと、相変わらず続く飲酒運転や事故が大きく報道されていた。これらが哀しいのは事件になったことだけではなく、それを起こした自分を認識できない……としたら、それが哀しいことだと思った。

昨夜のテレビには、稲刈りを終えた田んぼで落穂拾い？　する白鳥たちの姿が映っていた。そして今年もまた、あたり一面白く覆われる季節も近いのだな、と感じた。


（断酒会仲間誌『春夏秋冬』より転載）

対談　M氏への取材から

「断酒会の中にだけいたのではダメ」

直江「今日はよろしくお願いします」
M「よろしくお願いします」
直江「今回お聞きしたいことは、Mさんが飲酒運転をし、死亡事故を起こしてしまったことについてですが、よろしいでしょうか？」
M「はい」
直江「Mさんがおいくつの時でしょうか？」
M「死亡事故を起こしたのは、26歳の時です」
直江「では、今からかなり前のことですね」
M「今からですね、えっと今は昭和で言うと88年ですね。88年言うたら、45年前。26歳の時」
直江「その頃の飲酒運転は、今みたいに取り締まりは厳しかったのでしょうか？……。」

M「全然ですね。」
直江「全然。だけど死亡事故だったのですよね。」
M「うん。」
直江「ですが、死亡事故だったのですよね。その時は今みたいに刑務所にはいるとかは？」
M「刑罰ですか？　刑罰はですね、あの～死亡事故を起こしてそして、相手の方のお名前が、まる一日くらい判らなかったんです。そして、僕は会ってないんですけど、新聞、ラジオ、テレビで事故の報道がされていたらしいんです。そして、身元が判明し、その方の葬儀をするという日に、私は留置所に2日間くらい泊められており、そして、然るべき保証人を付けてもらい、出た時に自分の自宅に電話したら親類の方が出られ、両親、兄は葬儀に参列しているから行ったほうがいいのではないかと言われ、葬儀に参列しました。非常に辛かったです。当然ですけど、奥さん、子供さんたち、親戚の方々の目が刺すような目で、ん、私はそう感じたんですけれど」
直江「それは、お酒を飲んでの事故だったのでしょうか？」

M「そうですね。ええ」

直江「飲酒をして」

M「ええ、飲酒。みなさんによく話していたんですけど、家の近くの飲み屋さんへよく行っていたのですが、母に『あまり近いところで飲んでくれるなよ』と言われ、もう少し奥まで行って、ちょっと遠くといってもあまり離れていないんですけど、そこにはいつも仕事帰りの方たちが車で飲みに来ていました」

直江「ああ、そうですね。30年くらい前は、みなさんよく車で飲みに行っていましたね」

M「ええ、まだ26歳くらいですから、いろいろなことに憧れるんですよね。車に乗って一度飲みに行ってみようと思って、そして行ったんです。そこに、一つ年下の後輩が飲みにきており、『近くでは面白くないからちょっと遠出しよう』と誘われたんですね。断ればよかったんですが、頼まれたら断れないような非常に気の弱い……柔軟性があると言えば柔軟性が……」

直江「リフレーミングすると、ということですね。言い換えれば」

M「今でもそういう面があるんで、性格的なものだろうと思うんですが。それで行って、当時海岸線の未舗装の所もたくさんあって45年も前でしたから、国道回りで行ったんです。1月の16日でした。成人式の明けたすぐでした。夜中でした。横なぐりの雪が降ってきている中ものすごく慎重に、落ちたら谷ですから。坂降りてた時にウトウトとしたときに、フロントガラスが割れて、そして道の反対側に人が倒れて、頭から血を流している。それ見たときに「一緒に行こう」と言ってた友人が、あわてて走り出して……。その時に出来ることなら僕のほうが逃げ出したかったが、そんなこと出来るわけがない。その場にずっと居たら何分かたって彼が帰ってきて、警察に電話して、そして警察が来て風船ふくらまして、最初の風船では出なかったんです。「出ない、おかしい、もっと吹いてくれ」と。それで、その思い切り吸い込んだら、「アッ、これ飲酒運転だ」ということで、その場でパトカーに乗せられて、本署の留置所に入ったんです。

直江「その頃は飲酒運転というより、酔っ払い運転というほうが正しい？」

M「うん、知り合いの方が、法定飲酒量はビール一本までは大丈夫などと言っていたくらいですから、飲酒運転とは言っていなかったかもしれませんね。ほろ酔い運転。当時は夜中にバイクでふらふらしながら運転していたら『気をつけて帰ってください』と言われたくらいです」

直江「確かに飲酒運転でも酩酊でなければ『気をつけて帰ってください』と言われ、運転して帰ったとか、少し、酔いが覚めるまで休んで帰ってください。なんていう話も聞きましたね」

M「うん、そうそう。事故とか違反とかしなければ大丈夫だったような時代じゃなかったかと思うんですね」

直江「そうでしたね。ところで、その時には、もうお仕事はしてらっしゃったのでしょうか？」

M「ええ、していました」

直江「事故でお亡くなりになられた方の身元がすぐに分らなかったこともあり、マスコミに取り上げられたということでしょうか？　身元がすぐにわかっていたら、そこまで騒がれることがなかったのでしょうか？」

M「そのあたりは、当時のことははっきりしたことは分からないですね」

直江「その時は、Mさんは、ご結婚はなさっていらっしゃったんでしょうか」

M「いえ、まだしていません」

直江「ご自分が飲酒運転で事故を起こしてしまったという認識はいかがだったのでしょうか？　ご葬儀に行かれ、ご遺族から刺すような目で見られたとおっしゃっていましたが、飲酒運転をしてしまったんだ、という認識はどうだったのでしょうか？　当時だから飲酒運転と決めつけるとおかしいかもしれませんが」

M「あ、酒を飲んで車を運転した罪悪感というか、それより前に大変なことをしたなという気持ちにはなりましたね。だから、飲酒運転がどうのこうのということではなかったです。今みたいに飲酒運転がもう社会の罪悪だとかという時代ではなかったですから、自分自身もですね、飲酒運転が悪かったとか何かということはなかったですね。でも、大変なことになったなということはありましたね。だからね、あの当時のことですけど保険にしてもあまり出ない。飲酒運転では任意の保険は出ないということで、かなりの金額を父が出してくれたんだと思うんですね。そして、凶悪犯いうかそんなんでなかったのかどうか、裁判までにかなり時間がかかりました。10ケ月……」

直江「今みたいに直ぐにということではないわけですから、通常の生活。仕事もして10ケ月の間があったわけですね。会社はいかがだったのでしょうか？」

M「何？」

直江「仕事は？　飲酒運転を起こしてしまってからどうだったのですか？」

M「実家の仕事ですからクビにはならなかったです」

直江「ああ、なるほど」

M「クビにはならないけど、随分といいますか、後で思うんですけど、知人には随分説教されたように思います。

それはね、僕は26、7の頃から人生投げたような滅茶苦茶な生活していました。

兄にもよく言われたんですよ、「嫁取り前のいい男がそんな酔っぱらって酒ばっかり飲みおったら嫁の来手などないぞ」と、よく言われておりました。

父にも説教、夜、飲みに行ったらぐでんぐでんになるまで家に帰らなかったんです。そして家に帰ったら両親が待っていて、いつも説教。その後でね、昼間飲んで帰るとき父に言われたのは、『わしは、お前が憎くていつも言っているのではない。いずれ、早かれ遅かれわし達は死んでいくのだから、それからはおまえ一人の力で生きていかんといかんから、口を酸っぱくして言うんだ』と言われました。

これも、その時はあまり思わなかったんですけど、断酒会に入って過去の事ずっと思っていったらね、確かにそのとおりでね、もし断酒会に入っていなかったら、こんなことをたとえ普通の生活していても、思い出すことは無かったと思うんです。本当に、みなさんそうだと思うんですけど、私は断酒会に救われたと思うんです」

直江「今、断酒会ということが出てきたんですけど、断酒会には、事故を起こしてからどのくらいで繋がったのですか？」

M「15年後ですね」

直江「えっ、15年も経って……」

M「うん、」

直江「じゃあ、その間はずっと飲んでた？」

M「飲んでました。それからですね、1月の16日に死亡事故起こして、警察署の留置場から、検察庁に連れて行かれ、検察で調書取られる。2日泊まって、釈放されて帰る。それから、桜の花が咲いても、梅雨になっても来ない。夏が過ぎても来ない。そして10月に裁判があると呼び出しが来たんです。その時私の17歳年上の姉の連れ合いが外国旅行に行って帰って、何日かたって脳卒中で倒れ、僕の裁判の日に亡くなったんです。その時の、両親の気持ちを思ったら、僕にしても居ても立ってもいられない状態。非常にどういいますか、僕がそんなに当時はそんなに思ったことは無かったんですが、ずいぶん両親を苦しめたんだと思います。そしてまた、周りにアルコール、酒で狂った人間が一人いたら家族の生活はメチャクチャですね……」

直江「それはよく聞きますね。一人アルコール依存症者がいれば九人の人が巻き込まれると。家族、友人、会社の人等」

M「九人どころではない……」

直江「話を戻しますが、そうすると亡くなられた方を探すために新聞に出たということは、Mさんのお名前も出たということですか？」

M「そうです。ええ」
直江「その時の周りの方、知り合いの方の反応はどうだったのでしょうか？今でしたら大変だと思うんですけど。世間的にも風潮的にも今とは違うとは思うのですが……」
M「違いますね」
直江「それで、救われているということもあると思うんですが……」
M「僕と付き合いのなかった人たちはどう思っているかは解りませんが、付き合いのあった人は、事故で亡くなった人も不幸だが、事故を起こしたお前も非常に不幸な目にあったと言われました。今思うと、正常な状態でなければ車を運転してはならないということを何かで規制しなければいけない。留置所に居たときに看守さんが地方の交番に勤務している人で、交代かなんかで看守当番で回ってくる。たまたま住まいの近くの交番に居た方が回ってこられて、『二人乗りはいかん』といつもうるさく言ってた人でした。Sさんと言う方でしたが、『あそこの子供か』……その時には、『検問とかもっとやっていれば事故にならずに済んだのに』と言ってらっしゃいました」

直江「お話をお聞きすると、今とは周りの方の意識もかなりちがいますね？お酒を飲んだ事故が、すごく悪いということではないですね。Mさんは26歳で事故を起こしたのですが、その前からお酒は飲んでいらっしゃったのですよね、飲みはじめたきっかけは何だったのでしょうか？」

M「友人との付き合いですね、高校時代の友人がみな酒飲むんですよ」

直江「ということは、高校時代から飲んでいたのでしょうか？」

M「いえ、高校の時は飲んでいませんでした。その友達たちとは今でも付き合いは続いています。

話は変わりますが、10月に裁判があり刑が決定しました。禁錮1年、執行猶予3年。……それからまだまだだんだん悪くなっていくんです。その状態というのは、お酒は止められない。事故起こしたことで嫁の来手はいない……と、人生投げた生活をしていました。

ですが、先のことを心配した両親が見合いをまとめてくれて、今の家内と一緒になることが出来ました。家内が後で言うには『あれだけの事故を起こしたのだからこれから真面目にしてくれるだろう』という気持ちだったらしいです。ですけど僕の場合、もう酒しか頼るものがなかったからずっと飲んでいて、結婚してもいつも酔っぱらってしか帰れないから、ずいぶん悲しい思いをしていたらしいんです。そして、子供が1月18日に生まれたんです。

僕は子供が生まれても、昼間からプラプラ出て、帰ってみたら家内が子供におっぱいを飲ませていたんですが、泣きながら『灯油が無い』と言って、そして僕は灯油を買いに行って、そして灯油を入れて、また遊びに行くというそんな状態がずうっと続いたんです。ダメな、本当に人間らしい生活していないというか、無責任極まりない……」

直江「そのお酒が友達、頼るのもお酒だけというのは、お酒を飲める人はたくさんいるけど、お酒だけを頼るようになってしまった自分。何でお酒を飲まなければいられない自分。というのは何でそのようになってしまうのか、考えられたことはありませんか?」

M「難しい……。なんかそういう状態になってしまったら、おそらく立ち直るには何かまた別の事が無いと立ち直れないいんじゃないかと思うんですよね。もう、体がダメになっていくか、そして誰かが亡くなるか、非常に大切な人が亡くなるとか」

直江「断酒会に繋がってくるきっかけは?」

M「きっかけですか。……こんなんですが、自分でいうのもなんですが、案外人には好かれたんです。だから、断酒会に入ったら自分の過去の欠点ばかり出すじゃないですか。だけどいいところもありますから……。いいところがなければおそらく捨てられてもいるし、友達も今でもずっと子供の時から続いているし、そんなことは無いと思うんですね。話がそれてしまいましたが、きっかけは同級生の兄がバレーボールチームを作ることになり、僕にお呼びがかかったんです。『酒ばっかり飲んでいるならスポーツやったほうがいい』ということで……。さて試合に出て2回戦に進んだ時に僕は体育館で癲癇発作を起こし、倒れたんです。それがきっかけで、友達の医者をしている奴が『お前の症状はアルコールから来ているようだから、松山の精神病院に先輩がいるので、紹介状を書くから行け』と言われ、それが最初の断酒会との出会いのきっかけなんです。

だけど実際には紹介してもらってから、精神病院に行くまで1年はかかっているんです。それまで酒止めろとか、酒止めちまえとか言われなかった。アル中だけど『酒やめないと死んでしまう』とか、そんな言葉も僕は脅しとしかとらえていなかった。そして、止める方法とかアルコール依存症がどういう病気だとか、何処に行ったら止められるとか教えてくれる人は誰もいなかった。

やっぱり、知識がなかったことと、今みたいにアルコール依存症は飲酒のコントロール障害とか言う人は誰もいなかった……」

直江「今でも一般の人の認識は低いですね」

M「ええ、医者にしても『アルコール依存症は精神病院で治療するのか？』と言うくらいです」

直江「いまこの市では、アルコール問題について一般市民に向けて公開セミナーをなさっていますが、アルコール問題で困っている方に広く知ってもらいたいということからでしょうか？」

M「そうですね。われわれがやらなくて誰がやるのか。実際アルコール依存症で困った体験とかの話をするのは、実際にやった人間だったからこそ、単に知識だけの人よりよく解っているんですよね。

断酒会に入会して間もないころ、研修会でシンポジストとして話してくれと依頼され、飲酒運転で死亡事故を起こしたことを話したことで、私自身の気持ちも楽になりました。ここで話してもいいんだ。つらい気持ちが吐き出せたと、後から何年か経って、そういう気持ちが非常にらくになったことを覚えています」

直江「断酒会で体験談を話すことで、人間らしさを取り戻してきたということでしょうか？」

M「断酒会で人間的な生き方が出来るような気持ちにはなりましたね。やっぱり、反省しないとダメなようですね。だから、よく言うんですが、断酒会は、体験発表と言うことから『酒を止めてどんな生き方をするか考える会であって欲しい』と、断酒会のなかでもよく話します。それが断酒会の本来の姿ではないか、と思うんです」

直江「なるほど。話が少し前に戻りますが、精神病院に行かれた時のことをお聞きしてもよろしいでしょうか」

M「精神病院にかかる前に二回ほど総合病院にかかったことがあるのですが、CTをとって脳には異常はないということでした。総合病院ですから普通の病院ですね。そして、初めて精神病院に行ったのですが、ここは自分の来るところではないと思ったんです。どうせ検査は今までと同じような検査をするのだと思っていたのですが、診察にあたった先生は、久里浜アルコール症センターに研修に行かれて戻ってこられた先生でした。その先生から『あなたアル中ですよ』と明確に言われたんですね。だけど、アル中なんて言われても僕は何とも感じなかった。アル中がどんな病気であるかも分らないし、雲をつかむようなものでした。だけど、その時先生に言われたことは『あなたはどう思っているか知りませんけど、酒飲んでいるアル中のあなたは、私の目から見たら半人前の人間ですよ』と。その時に私は頭に血がカーッと上った。

実はずっと自分は半人前だと思ってはいたんですね。一人前の人間なんかになっていないと」

直江「一人前になっていく?」

M「子供の頃からずっとあった。実際僕を見て、末っ子ではないのですが『末っ子』と言う人がほとんどだった。性格的にも、考え方にも、人に頼るような人間みたいで、全部抜けていたんでしょうね。僕はずっと酒飲んで失敗もずいぶんやらかしてきたんですが、自分で始末したことが一つもなかったんです」

直江「はあ……」

M「誰かが周りの人がしてくれる。だから精神病院に行きましたが、病院が治してくれるというような気持ちでした。しかし、その先生は、この病気――アル中になったら酒を止めるのは無理なようだとか、訳のわからんようなことをいうんです。病気も治せんような医者が人のこと半人前なんて言って、その時は先生のほうが半人前という気持ちになりましたね。結局、ずーっと人に頼るような人間でした」

直江「頼るというより、問題を解決しなくてよい状況にあったということでしょうか？」

M「そうですね。そうかもしれません。だから、努力しなくて何とかなる。楽な人間でした」

直江「半人前と言ってくださった先生との出会いは大きかったのではないでしょうか」

M「素晴らしかったです」

直江「その出会いがなかったら、今に至るまで何十年という断酒が出来ていないかもしれない。その辺はいかがでしょう」

M「非常にありがたいです。自分の生き方を自分のこととしてとらえていなかった。酒に溺れていったら周りの事も自分の事も全く見えていない。周りは立ち直ってもらおうと一生懸命になってくれているのに、人の好意を無にして酒に溺れていくとそういう状態になりますね。酒は頭の病気だといいますが、そのとおりだと思います。判断力がなくなる、人の気持ちが分らない。ただ自分にとって都合のいいことは深く考えない」

直江「面倒くさいことから逃げられる……」

M「そうです。逃避……」

直江「そのための手段としてお酒を飲む」

M「素面で人に会うのはたまらない」

直江「お話をうかがっていて、いまは全くそういう感じはしないですね」

M「人生は一回きり、やり直しはきかないですから、お酒で困っている人がいたら助けてあげたいですね……」

直江「今後の活動目標は?」

Ｍ「やはり社会に出て行かなくてはだめですね。断酒会の中にだけいたのではダメです。外の方々にアルコール依存症のことを知ってもらう努力を、命のある限り続けていきたいです」

直江「今日はありがとうございました」

付・アルコール依存症と飲酒運転

「飲酒運転をしようと思って飲んだことは一度もない。まず先に酒ありきで、結果的に飲酒運転になってしまった」（ある断酒会の会員の言葉より）

飲酒運転の違反歴がある男性ドライバーのうち、ほぼ2人に1人はアルコール依存症の疑いがあることが、国立病院機構久里浜アルコール症センターの樋口進医師が神奈川県内で実施した調査でわかった。

一般男性の場合、依存症が疑われる人は20人に1人と推計されており、自分の行動を抑制できなくなるアルコール依存症と飲酒運転との相関関係が、初めてデータで裏付けられた。この調査結果を受け、政府は依存症のドライバーに対する治療の方策などについて本格的な検討に入る。

今回の調査は、樋口医師が神奈川県警と共同で実施した。今年一～六月の間に免許取り消し処分者講習を受けた人のうち、飲酒運転の違反歴がある約２００人を対象に、医療機関で採用されている複数の検査方法で、依存症の疑いがあるかどうかを探った。

検査は、主に飲酒習慣や自己抑制力の低下具合を調べるもので、国際的に信用性が高い検査方法の場合、男性で「疑いあり」の該当者は４８・７％だった。この検査方法によるサンプル調査（約１２００人）から、一般男性の中で依存症が疑われる人の割合は約５％と推計されている。

飲酒運転を巡っては、改正道路交通法で罰則が引き上げられるなど厳罰化が進んだ。

一方、アルコール依存症は、酒を飲まないと震えが止まらないなど自己抑制力が低下する病気のため、「厳罰化だけで飲酒運転は減らせない」として、民間団体や専門家からは、常習者に対する治療などの対策を求める声が出ていた。だが、依存症との因果関係を示すデータはこれまで警察庁にもなかった。

米国では多くの州が、すべての違反者に依存症検査を義務付けている。裁判所が専門的な治療プログラムの履修や、アルコールを検知するとエンジンがかからなくなる装置の搭載などを命じる州もある。

（YOMIURI ONLINEより）

和歌山県紀南新生断酒会 一泊研修会より

平成26年10月25～26日「創立30周年記念例会及び第6回潮騒一泊研修会」が、和歌山県みなべ町の国民宿舎「紀州路みなべ」開催された。

みなべ町は、近くには世界遺産熊野古道を有し、日本一の梅の里である。紀南新生断酒会は会員6名家族会6名の小さな断酒会だが、創立30周年を迎える歴史のある断酒会である。

近頃の研修会の中でも、「草創期はきっとこんな研修会だったのでは……」と思わせる雰囲気のある、熱い研修会だった。

二日間「言いっぱなし、聞きっぱなし」の熱い思いの体験談だったが、それよりも熱かったのは家族会の皆様による「おもてなし」だった。

今回の研修会に参加して、強く感じたことを紹介しておきたい。

紀南新生断酒会30周年式典風景。

「家族会とは」

「地獄を見たければ、アルコール依存症者のいる家庭を見よ」などという笑えない話がある。

これは、アルコール依存症は本人だけの病気ではなく、家族全体を巻き込んで苦しめるものであることを端的に表現している。

本人が病気から回復しなければならないのはもちろんだが、実は家族もまた病気に巻き込まれて影響を受けてきている。そのために家族全体が病んだ関係になっているのである。本人が回復への道のりに入っても、家族が病んだままでは本人の回復が進まないばかりか逆戻りしてしまうことすらある。
「家族もアルコール依存症を正しく理解し、その回復を支援しましょう。共に病気の回復の道を歩み、明るい家庭をつくりましょう」というのが家族会なのである。

今回の研修会に参加されたご家族に、岡畑康栄さんがいらっしゃる。岡畑さんの詩『朝の詩』は、平成25年5月30日の産経新聞（新川和江さん選）に掲載された。
その作品『相棒』を、ご紹介したい。

「相棒」
あなたの夢の片棒を
担いですぎた歳月は
濃くて深くて重たくて
色々あったね　お父さん

そろそろ肩の荷
下ろしましょうよ
厳しい冬の寒さには
十分耐えて
来たでしょう?
これから先は二人して
やさしい春の
風受けながら
ゆらりゆらりと
歩いてみたい

岡畑さんは「岡畑農園」という、梅を育て梅の実から「梅干し」を造る生産・販売農家である。

ご主人岡畑精一氏は昭和17年、紀州田辺の上芳養《かみはや》に農家の長男として生まれ、将来は漠然と農業を継がなければならないだろうと考えていたが、その時は意外にも早くやって来たという。中学二年生になった時、父が病気のため急逝された

南高梅はミツバチの助けを借りて受粉します。つまりミツバチと梅は共依存の関係です。

のだ。

子どもの頃から責任感が人一倍強かった精一氏は、農家の長男として一家を支えていくことを決意。一代で「岡畑農園」を築き上げられた。

その精一氏の夢の片棒を担いだのが、岡畑康栄さんである。

康栄さんが精一さんと結婚したのは昭和44年のこと。

結婚を決めたとき、これまで一家の大黒柱として遊ぶことも知らず働きづめだった精一氏は、「自分の妻となる人にはきちんと自分の仕事を見てほしい」との思いで、康栄さんを初デートで梅園に連れて行ったという。

康栄さんも「一番最初に二人で行った所は梅畑」と言っておられ、

「梅の花が散って新芽が出始めた広い畑の中を歩きながら、梅のことを彼は一生懸命説明してくれたのですが、当時の私はあまりにも無知で、何を言われてもチンプンカンプンでした。

でも、ただひとつ、今でも心に残っていることがあります。それは『梅はどれだけたくさんの花が咲いても自分の花だけで受粉する確率が低いんや。満開になって四〜五日暖かい日が続いてミツバチが活動してくれたら、他の花の花粉をもらって受粉して、やっと結実することができるんや。でも梅の花の咲く頃は、まだ寒い日が多いからなぁ。他の果樹に比べたら実を付けるための条件は厳しいなぁ』という話です。

私はそれを聞いて、梅はなんとけなげなのだろうと思いました。いつ寒波がやってきて花が全部ダメになってしまうかもしれないのに、一月の末頃から開花し、二月半ばには寒さに耐えながらも満開の花を咲かせる梅。

彼が『自分の夢を実現するには一人では限度があるけど、二人なら二倍じゃなくて三倍にも四倍にもできると思う』と言うのを聞いて、『私も梅の木のようにけなげにがんばろう』と固い決心をして、結婚しました……。」

と、話していらっしゃった。

康栄さんはまた、このようにも語っておられる。
「私は子育てに注ぐべき情熱のほとんどを、仕事に注いで来たと言っても過言ではありません。夫の夢を実現させるために子どもたちにも随分助けてもらいました……。」（岡畑ＨＰより一部引用）
「相棒」はそんな思いの詰まった詩である。

また、別の詩をご紹介しておきたい。

「ある少女の詩」

路地のむこうから大きなお父さんの声がする
今夜もお酒をのんで帰ってきた
そんなときまったようにお母さんはいう
「きょうは服を着て寝るのよ
母さんがおこしたらすぐ目をさますのよ」
服を着ていつでも逃げられるように
ふとんにもぐりこむ
ねむっちゃだめ
いくら自分にいいきかせてもいつかゆめをみている
どれほど　ねたのかな
ちゃわんのわれる音　父さんのだみ声に目がさめた
母さんの小さな小さな声も聞こえる

母さんがなぐられている
母さんなぜ泣いてあやまるの　悪いのは父さんよ
お酒をのむ父さんなのよ
どおやって家を出たのか
どおやって父さんから逃げることができたのか
いま母さんと私は暗い寒い夜道を歩いている
母さんは一言も話さない
母さんの顔は涙でぐしゃぐしゃ
私の顔だって
夜の汽車道はこわい暗い運河はもっとこわい
黒い手が出て母さんと私をひきずりこむような
そんな気がする
でも母さんと私は朝まで歩いた
朝になってそっと家に帰ると父さんは大いびきでねていた
この父さんのかわりに母さんは働いているのに
父さんはきっと最後までわからないだろう

「アルコール依存症者は家族に償いをしなければならない」ということは、よく聞かれることである。

アルコール依存症は病気なのに、なぜ家族に償いをする必要があるのか？

たとえば、「癌」になった人が、癌になってしまったからと言って家族に償いはしないだろう。

そこでなぜ「アルコール依存症」になったら家族に償いをしなければならないのか、元全日本断酒連盟副理事長の小林哲夫さんに聞いたことがある。

「癌に侵された人は一刻も早く治療するだろう。どんな病気でも病が発見されたら治すことを考えるでしょう。だが、アルコール依存症者は自分がアルコール依存症であることは認めず、否認する。そして治すことをせず飲み続ける。何年も何十年も、である。そして家族に辛い思いをかけ続ける。つまり、長い間にわたり家族に苦労をかけ続けるから、罪が重い。断酒できるようになってきたら迷惑をかけた償いをしなくてはならない……」という話であった。

もう一編ご紹介する。

「飲むんか　飲まへんかは」

飲むんか　飲まへんかは
あんたが　決めることや
人ごとや　おまへんで
おとうちゃん

許してや　すんまへん
いまごろ　気ついても
遅いけど　家族にようけ
苦労かけたんやなあ
かあちゃん

アル中になったことを
悔やむことは　おまへん
この病気といっしょに

「生きる」ことに
気ついたら　この病気は
あんたと　私の財産や

この詩を、紀南新生断酒会会長の福田さんと紀南新生断酒会のベッピンナンバー1の家族会の代表福田和美さんご夫妻が、読み上げた。

最初の一節を和美さんが、二節を福田さんが、三節はご夫妻で唱和した。

三節では、アル中になったことが財産だと言っている。

さんざん巻き込まれ苦労したにも関わらず、なぜ財産と思えるのだろうか。

断酒会につながり断酒できるようになったのは、

「一人で苦しみ、あれほど止めることのできなかった酒を断酒会で止めつづけることができた」

「自分一人の力では止められなかったが酒に対する無力を認め、まわりの人や家族のおかげで断酒できていることが嬉しい」

などの声からわかるとおり、弱さを認め飲まないで、生きることに気づくことが財産になっていく。

アルコール依存症という病気になったおかげで、断酒会につながり、例会に出席することで、自らの体験を自分自身を振り返ることで語り続け、家族や友人、まわりの人たちに深い感謝の気持ちを持ち、最終的に「依存症になってよかった。アルコール依存症になっていなかったら、気づかないままで一生を終えていたであろうことをたくさん気づかせてもらった。生きるよろこびを知った。

このように言う人は大勢いる。

和美さんから聞いた話で深く印象に残っていることがある。

「夫がアルコール依存症になってくれたことに感謝している。夫が依存症になっていなかったら私がアルコール依存症になっていたと思う……」

アルコール依存症を夫婦で体験し、夫と共に苦労してきた和美さんは、人はいかに弱いものかを知っています。

だから仲間が必要なのです。だから頑張って夫婦で断酒会に出席し続けているのである。

心のこもった「おもてなし」に迎えられた研修会は、参加した人に「参加して良かった」「来年もまた来たい」という思いを残してくれた。

一般社団法人大分県断酒連合会主催シンポジウムにて

講演 「語るは最高の治療」

直江文子です。よろしくお願いします。

私は昨年まで公益社団法人全日本断酒連盟の事務局に勤務しておりましたので、ご存じの方も多くお見えと存じます。

全断連はアルコール依存症者本人の自助組織です。そこで事務局の運営に関わるうちに、幾度となく本人や家族の方の語る体験談を聞かせていただき、実際に相談電話を受けている中で、アルコール依存症という病気を少しは理解することができました。

私現在は埼玉県さいたま市で、生活保護受給者の就労意欲喚起等支援事業に携わっております。働ける世代の生活保護受給者が増える中、自治体の就労支援事業に民間の企業や団体の力を活用しようとする動きの一環となる事業です。

そのような経験を経て得たものもあり、本日は「生活困窮者就労支援とアルコール依存症」というテーマでお話しさせていただこうと思います。

　さて、日本では「酒は百薬の長」「社会の潤滑油」などと言われ、「飲みにケーション」と称したり、さまざまな場面で活用されているのは事実です。

　しかしその一方、飲酒に甘い社会の中で、アルコールの有害な使用が、多くの社会問題を招き悲劇を生じさせています。飲酒運転・DV・児童虐待・傷害などの犯罪、未成年飲酒、アルコールハラスメント――飲酒の強要ですね。さまざまな人権問題、家庭崩壊・失業・貧困などの原因にもなっているのも事実です。

　さいたま市ではこの四月に民間企業に委託し「職業訓練センター」を開設しました。センターの内容は生活保護受給者の方を対象に働く意欲

2013年11月9日アルコール関連問題と自殺シンポジウム（ホルトホール大分3F大会議室）。

を高め、就労や職場への定着に結びつけるなど、きめ細かく対応する試みです。パソコンなど仕事に必要な研修も行いますが、最も力を入れるのは「働く意欲の喚起」です。

厳しい雇用情勢のなか、ハローワークに行ってもなかなか職が見つからず、何十社と応募しても面接まで行き着けない。ようやく面接まで行き着いても不採用となってしまい、もうダメだと諦めてしまっている人たちも大勢います。

さいたま市職業訓練センターの訓練期間は一ヶ月間で、受講生は各区のケースワーカーの勧めで訓練の開始になります。

この中には中学校卒業後にすぐに働き始めた人や、高校を中退して働き始めた方もいます。また不況の影響をうけ長年勤めた会社を解雇された方、派遣切りにあった方など、年齢も二十歳から六十四歳まで幅広くいらっしゃいます。職歴もアルバイトやパートを転々としていることも少なくありません。

多くの方が、履歴書や職務経歴書にアピールできる職歴や資格もなく、就労に向けてのハードルが非常に高いのが現実です。

こうした生活保護受給世帯の約35％は、傷病者・障害者世帯です。

また、職業訓練センターに来る受講生の中には、アルコール問題をかかえている方、ギャンブル依存の方、拒食症の症状が見受けられる方、DVを受けているがそれに気がついていない方、糖尿病・うつ病や精神障がい者認定を受けている方、精神保健の問題をかかえている場合もあり、「精神的健康状態の不良」自殺のハイリスク者も含まれている可能性があります。実際、腕にはリストカット痕が無数にある方もいます。

その中で、私が支援させていただいた訓練生でアルコール依存症と見受けられる方が数名いらっしゃいました。

私の勤務する職業訓練センターには就労支援員が七名おります。みなキャリアコンサルタントの資格を持ち、就職相談に関わってきたコンサルタントですが、生活保護の支援に関わったことがない支援員は、アルコール依存症者とは気づかないことがほとんどです。またアルコール依存症に対する理解にも欠けています。「自分が飲みたくて酒を飲んで、飲み続けた末にアルコール依存症になって、生活保護を受給して治療を受けるとは？」と思ってしまう支援員も少なくはありません。

朝から呼気に微妙にアルコール臭を感じる方、授業中にじっと座っているのが苦しくなり、トイレに駆け込み吐いてくる受講生もいました。

一ヶ月の訓練が終了すると、就職活動を行うようにケースワーカーに背中を押されますが、アルコール問題をかかえている方の場合は、就職しても人間関係につまずいたり、お酒の問題ですぐに辞めてしまうことも多いのが現実です。

そんな中、私自身が受講生に支援を行うときに大切にしていることがあります。それは断酒会で学んだ「語るは最高の治療」ということです。それと誰かに「支えられている」という安心感を持っていただけるよう支援をすること。断酒会でも仲間に支えられて断酒を継続することが出来ます。同様に受講者の気持ちに寄り添った支援が、「一人ぼっちじゃないと気がついてうれしかった」という受講生の方の声をいただくことにつながりました。

厚生労働省「自殺・うつ病等対策プロジェクトチーム」の自殺の実態の分析からは、「自殺には多くの要因が関連しており、中でも、無職者、独居者、生活保護受給者等は自殺のリスクが高いことが分かりました。」とあり、「ゲートキーパー機能の充実と地域連携体制の構築として、ハローワーク等での相談・支援体制の強化、精神疾患を有する生活保護受給者への相談支援体制の充実などにより、悩みのある人を、早く的確に必要な支援につなぐことを目指します。」と述べられています。

であるならば、社会資源としての「断酒会の体験談」などを、ハローワークや相談・支援員等生活困窮者にかかわる方々に聞いていただくことも、自殺行動のリスクを抑えることにつながるのではと感じています。アルコール依存症に限らず、アルコールに関連したあらゆる問題が自殺の問題と密接に関連しているということを、広く社会が認識する必要があるのではないでしょうか？

厚生労働省が発表した「被保護者調査」（概数）によると、2013年7月の生活保護受給者数は前の月に比べ５８２４人増の215万8946人、受給世帯数は同5213世帯増の158万8521世帯となりました。

うち、さいたま市生活保護者数16,156人。

○生活保護受給者の自殺者数（全国）

平成23年　30,651人
うち生活保護受給者自殺人数1,187人

平成24年　27,858人（確定値）
対前年比2,793人（約9.1％）減

最後になりますが、全断連は11月10日を「断酒宣言の日」と制定しました。昭和38年11月10日に「全日本断酒連盟」結成大会を開催したその日を「断酒宣言の日」としたものです。

もう「11月＝飲ベンバー、酒　10日＝とまる」明日は断酒宣言の日です。

ご清聴ありがとうございました。

全日本断酒連盟主催 第28回九州ブロック（熊本）大会にて

講演「これからの断酒会に必要なこと」

直江文子です。よろしくお願いします。

今日は「これからの断酒会に必要なこと」というテーマでお話しさせていただこうと思います。

ご存じの通り昨年は、全断連結成50周年を迎えることができました。また国会では、飲酒が引き起こすさまざまな問題について総合的に取り組もうという、かねてより念願であった「アルコール健康障害対策基本法」の成立も見ました。

このことにより断酒会活動の幅が広がったことは、大変喜ばしいことと思います。

さて厚生労働省研究班の調査によると、アルコール依存症の疑いのある人は４４０万、治療の必要なアルコール依存症の患者さんは80万人いると推計されています。

ところが、全断連の現況調査によると、２００２年の1万１０３０人をピークに会員の減少が続き、２０１３年の調査では８２８１人です。

これは決して、アルコール依存症者の数が減少しているからではありません。

ではなぜ、全断連に新入会員が入ってこないのでしょうか？　入会してもなぜ、継続的な会員としてなかなかつながらないのでしょうか？

今回シンポジストとしてご指名いただいた折りのお話では、全断連の事務局員として10年以上勤務した、「本人でもなく家族でもない」経験から感じたことを含めて話して欲しいとのことでした。

そこで私は、私なりに思った「これからの断酒会に必要なこと」を、３案お話しさせていただきます。

その1、例会について

その2、家族会の充実について

その3、外部機関との連携、自助組織の役割について　です。

まずその1、例会について感じたことをお話しさせていただきます。

全断連の会員減少の背景として、一つには、高齢者、女性（アメシスト）、若年者のアルコール依存症者が増加してきたことで、会員が多様化してきていることがあげられます。

またひとつには、社会全体に、徐々に個人主義的傾向が強くなり、人間関係が希薄になってきていることなどが考えられるのではないでしょうか。

加えて、10年前には考えられもしなかった「情報の多様化」もあります。

私が事務局で働き始めたころに、ある方がおっしゃった言葉ですが……、「断酒会はアル中の東大なんだ。なかなか入ることが難しい」と言われたことがありました。当時は、情報の伝達が不足しているので、なかなか断酒会に繋がることが難しいという意味です。

ところが今はどうでしょう。情報は溢れています。ネットで「アルコール依存症」と検索すれば、たくさんの情報に接することができます。このテーマがマスコミに取り上げられる回数もずいぶん増えています。

したがって、いま新しく入会してくる人はすでに情報をたくさん持っています。

とにかく断酒会はいいところで、そこに行けばいろいろなことが分かるし、そこに行けばロールモデルになる人がいると、大きな期待を持って入ってきます。

また、入会を希望する人も多様化してきています。情報を自分で調べて入会してきます。そして例会に来てみて、自分には合わないと思うと、さっさと来なくなる。

ご承知の通り、依存症からの回復には、本人の例会出席という意欲が必要であり、行動が必要です。

でも、あまりに「例会出席という意欲」を強調されすぎると、「断酒するもしないも本人次第」という考えになりがち……という反動も出てきます。

断酒できない人は、「本人のやる気が足りないから」と言われてしまいます。

本人はやる気があっても、再飲酒を繰り返してなかなか断酒できない。そうなると「断酒は本人のやる気次第」とばかりは言っていられなくなります。

最近わかってきたことですが、どうやら依存症とは別に、もう一つ問題があるのではないか？　意欲が無いと見なされている人たちは、本当にやる気がないだけなのでしょうか？　それとも、そう見えるだけなのでしょうか？

断酒会の例会や市民公開セミナーへ初めて参加しようと思う方が、さて実際一歩足を踏み入れるのには、とても敷居の高さを感じられるようです。当時全断連に勤務していた私でさえ、会場内に入るのはとても勇気がいりました。まして、コミュニケーションが苦手な方は、声をかけることも不安に違いありません。さらに会員の方の中にも、コミュニケーションが苦手な方が多いように感じます。それで、お互いに言葉のやりとりが苦手となっているのではないでしょうか？そして当然、相手の気持ちを想像することも苦手という状況が起こります。

このような方々が例会出席を重ねても断酒出来ないのは、もしかしたら、断酒会の例会のあり方にも、問題点があるのではないでしょうか？

例会では、他の人が体験談を話しているのを聞き、自分にも同じような体験があることが思い出され、自分が話す番が来たらその話をします。そうやって他の人の話と自分の体験を「重ね合せ」ていくのが、例会における「分かち合い」です。それによって、自分の過去の行動の意味や問題点に気づき、自分を振り返ることができるのだと思います。

ところが最近の若い人には、この「重ね合せ」や「分かち合い」に乗れない人たちがいます。その方々は、例会に参加して体験談を聴くことに、なにか違和感を感じる。思い描いていたのと違う。そこにいま、断酒会の例会のあり方や質が問われているように感じます。

その2として、家族会の充実についてお話ししたいと思います。

全断連の家族会は、全国すべての断酒会にその組織があるとは限りません。しかし、家族会を充実させることにより、直接本人からの相談以上に、相談活動が活発化すると思われます。

現に私の勤務していたころにも、ご家族からの相談電話が圧倒的でした。どこに相談に行けばよいかわからない、その方々がようやくたどりついたところが断酒会です。ご家族の方々は、自分の辛さや苦しさをどんなにか聴いてもらいたい。そんな思いをひしひしと感じたものでした。

であるとすれば、家族の方々にもっと協力していただくことが必要なのではないでしょうか？　家族会を充実させることで、家族が依存症について正しく学習できる機会を増やす。そのような家族に対する教育や支援の体制を整えることにより、本人および家族の生活の質を向上させることが出来るのではないか。

相談電話にも、家族に行ってもらう。ただし、電話相談に当たるのは、定められた養成課程を修了し、相談員として認定を受けたボランティアとする。

このようなことで、家族のみならず一般の方にも、依存症という病気について理解していただく機会を増やす必要があると思われます。

その3として、外部機関との連携、自助組織の役割について考えたいと思います。

私は昨年、生活困窮者の方々の就労支援業務に携わり、アルコール依存症の方や、ギャンブル依存、摂食障害、ネット依存、またＤＶの方の支援もして参りました。就労支援ですから、訓練期間が修了してのち就労につながることが目的です。

その中で、アルコールに問題がある人は、自立や社会参加という面でさまざまな問題をかかえている人が多く、当然断酒しなければ就労は困難です。

そのような状況をケースワーカーや就労支援員が理解しているかというと、残念ながら限りなく「ノー」でした。

こうした現実を考えるとき、外部機関との連携をもっと深めることも、「自助グループとしての断酒会の役割の一つではないか」と思うようになりました。その連携が、断酒会の会員増にもつながるにちがいありません。

もちろん断酒会は、医療機関や行政とは連携しています。その幅をもう少し広げて、行政書士・司法書士・弁護士・産業カウンセラー・キャリアコンサルタントなども、視野に入れてみるのはいかがでしょうか。これらは少なからず効果があるにちがいないと、私はいま実感しております。

最後に、いまひとつ。

最近は、人間関係に不器用なため、グループの中での人間関係がうまくいかなくなり、それがいやで、例会等へ行けなくなってしまう人が多いと感じています。そのような例では、画一的な考え方でなく、年齢や性別、おひとりおひとりの生活課題を見ていくことが必要なのではないかと考えるようになりました。

一人一人にさまざまな背景があり原因があることを理解して、個々のニーズに合わせた例会運営が試みられてもいいのではないでしょうか。

断酒会は自助グループです。「こうあるべきだ」という、形の完成された会をつくることをめざしているわけではないと思います。会社や普通の組織とは違います。

いつでも新たな会員を迎え、受け入れながら、生成していく使命があるのだと思います。

「これからの断酒会に必要なこと」――そこには、個々のニーズに合わせた断酒会活動が生まれる必要があることを申し上げたいと思います。そして、これから共に歩む仲間が増えていくことを切に願っています。

ご静聴ありがとうございました。

今治市公開市民セミナー

シンポジウム「DVを理解する」より

直江文子です。よろしくお願いします。

アルコール飲料は日本では、「酒は百薬の長」「社会の潤滑油」とか「飲みニケーション」などと言われ、さまざまな場面で活用されています。

しかしその一方、飲酒に甘い社会の中で、アルコールの有害な使用が、多くの社会問題を招き、悲劇を生じさせてもいます。飲酒運転・DV・児童虐待・傷害などの犯罪、未成年飲酒、アルコールハラスメント（飲酒の強要）などの人権問題、家庭崩壊・失業・貧困などがありますが、きょうは、DV（ドメスティック・バイオレンス）の基本的なところからお話ししたいと思います。

ドメスティック・バイオレンス（DV）は、直訳すると「domestic＝家庭内の」「violence＝暴力」となり、夫から妻、妻から夫、親から子、子から親、兄弟姉妹間の暴力など、家庭内のさまざまな形態の暴力と考えることができます。

一九九五年に北京で開催された国連第4回世界女性会議で、「男女の間に起こる暴力をドメスティック・バイオレンスと名付けましょう」と満場一致で決まりました。これがDVという呼称の誕生ということになります。

実際日本においても、人によって微妙に捉え方が異なっていますが、最近では「配偶者やパートナーからの暴力」という捉え方が一般的になってきています。

DVは、今までは社会的問題として取り上げられず、家庭の中のこととして軽視され、放置されてきました。

しかし、被害者は、身体にも心にも大きな傷を負います。ただの「夫婦ゲンカ」では片付けられない、大変身近な問題でありながら社会的問題として考えなければならない、それがDVなのです。二〇〇一年、日本でもDV防止法が成立しました。もちろん法が出来たからといって、DVがなくなったわけではありません。

内閣府の調査（二〇一二年）によれば、既婚女性の3人に1人がDV被害を経験し、23人に1人の女性が生命に危険を感じるほどの暴力を受けていることが報告されています。また、警察の犯罪統計（二〇一一年）によれば、配偶者間における犯罪としては、暴行事件が93・2％、傷害事件が93・6％、特に殺人事件では被害者の56・3％が妻という事実があります。

暴力というのは本質的に理不尽なものであり、「安心」「自信」「自由」という人間らしく生きる権利を奪うものです。

これは家庭内の個人的夫婦の痴話喧嘩という次元をはるかに越えた社会構造の中にあり、またジェンダー（社会的、文化的性差。いわゆる男らしさ、女らしさ）による不平等と関係するような価値観、伝統、習慣などが複雑に絡み合っていると考えられます。たとえ夫婦であってもそれぞれに個人の人格があり、妻は夫の所有物ではないのです。

ＤＶにおいては、被害者のほとんどが女性です。これには、社会構造も大きくかかわっています。単に身体的に男性にかなわないことが多いというだけでなく、「家内」「奥さん」という言葉にもあらわれるように、長い間、「主人を立て、家の中を守る良き妻」という役割が女性に求められていました。そういったこともあり、女性は経済的に自立することが難しい状況にありました。さらに、家の中での出来事は、私的領域のことであり、外部から介入すべきではないとみなされてきました。そして、妻は夫に従うものであり、家庭を守る妻が家庭内のトラブルを外に出すのは恥とされてきたため、暴力を受けても、それを表沙汰にしにくい社会環境にありました。

配偶者やパートナーからの暴力は、外からは見えない家庭内で起こることが多く、それは子どもにも深刻な影響を与えます。

子どもは両親の暴力を目の当たりにして、心に大きな傷を負います。また、親の暴力が子どもに及ぶことも珍しくありません。そして暴力を受けた母親自身が子どもを虐待してしまうこともあります。

さらに、両親の暴力を見て育った子どもが、暴力によるコミュニケーションを学習し、将来人間関係がうまく築けなくなったり、DVの加害者や被害者になってしまう「暴力の世代間連鎖」という事例も報告されています。

被害者に対するケアはもちろんですが、子どものため、「暴力の世代間連鎖」を断ち切るためにも、子どもへのケアも非常に重要な課題となっています。

DVのある家庭で育った子どもは、暴力のない家庭で育った子どもに比べて、成長してから加害者になる確率が高いといわれています。他者に対して暴力を振るわなくても、自傷行為を繰り返したり、薬物・アルコールに依存するなど、自分自身に対して攻撃を向けることがあるともいわれています。

ただし、もちろんDV家庭に育った全ての子どもに暴力が連鎖されるわけではありません。暴力のある家庭に育っても、暴力を克服して、対等な人間関係を構築している人たちも大勢います。

私は二〇一三年の春まで公益社団法人全日本断酒連盟の事務局に勤務していました。その間に大勢のアルコール依存症者本人、また家族の体験談を聞いてきました。そして、それら体験談の中にあったのは「すさまじい暴力」でした。

ただ、すべてのアルコール依存症者が暴力を振るうわけではありませんでした。また、お酒をやめたら暴力がなくなると思っていました。しかし、そうではなく、中にはお酒はやめても暴力はなくならないという話を聞くこともあります。

というわけで、「ＤＶ」と「依存症」は別の問題であるということが最近解ってきました。

さて、アルコール関連問題基本法とＤＶの関連性ですが、アルコール依存症の当事者はかつてＤＶ暴力の被害者だった例も多いということです。〈(Ｎ) ＲＲＰ研究会調査による〉

ただし、ＤＶ被害者の支援をしている自助グループで話を聞いたときに「アルコール依存症とはかかわりたくない」と聞いたことなども思い出されます。

くしくも十一月は「ＤＶ防止月間」であり、「子どもの虐待防止月間」でもあります。

「DV(ドメスティック・バイオレンス)という言葉を正面に出すとなかなか人が集まらない」とは、主催者からよく耳にすることばです。同じようにかつては、アルコール依存症についても、それでは聴衆が集まらないという経験をしました。

このように依存症と暴力は別のものですが、密接な関係にあります。なので、今後の課題は、依存症の専門機関とDV・虐待など暴力にかかわる専門機関が、たがいに共通の理解で支援できることが必要だと思います。

この後シンポジウムについて会場より質疑応答を行った。

その折会場より、つぎのような内容の質問をいただいた。それは、質問者Xさんと奥様の会話についてであった。

質問者　私が女房に声をかけると、女房はいつも怒られているようで怖いというのだが、なんででしょうか?

私　(会場の皆様に向かって大きな声で「わっ」と、かなり語気を強めて発した。)

会場の皆様いかがですか？　いきなり何が起きたのかびっくりなさった方、あまりに大きな声で自分が怒られているようで怖かったと思った方。別に驚かなかった。と言う方と、感じ方はさまざまではないでしょうか。私は別に怒っているわけではありません。でも、私が思っていることも、皆様がどのように感じたかが大切なことで、Xさんの奥様が怖いと感じているのなら、これも言葉による心理的暴力だと思います。

「出会いから」

このシンポジウムが終わった後、ある女性がおっしゃった言葉が印象的であり、「話を聴いてとても気持ちが楽になった」と話してくださったことがとても嬉しかった。とくに「境界線」という言葉が自分を楽にしてくれたと言われたことが印象的だった、と。その後、その方からお手紙を頂いた。

「前田幸子様（仮名）からの手紙」

こんにちは、25日今治のセミナーが終わった後、手づくりの名刺を渡した前田です。

シンポジウムでは興味深いお話を聞かせていただき、とても感謝しております。「かわいい名刺」と言っていていただけたことも嬉しかったです。

私は今、入院中です。アルコールではなく、自傷の依存です。

15年前生きるか死ぬかの犯罪に巻き込まれ、PTSDになり、自傷を始めました。PTSDを専門にしている臨床心理士の先生に暴露療法をしてもらいました。

医師もしっかり受け止めてくれていて、PTSDの症状は良くなったものの自傷行為だけどうしても止められません。

先生に「幼少期の親子関係に問題があったのでは?」と言われています。

特に思い当たることもなかったのですが、直江さんのお話を聞いて、自分はアダルト・チルドレンなのかなと思いました。

いまさら親を責めたり、憎んだりはしませんが、いろいろと思い出しました。生きづらさ、罪悪感がいつもあります。「自分と人との境界線を引く」というお話で「なるほど」と思いました。私もそうできるよう、頑張っていきたいと思います。

またどこかでお会いできることを祈っております。

貴重なお話ありがとうございました。

前田幸子

私は返信をお出しした。

前文ごめんください。お手紙　ありがとうございます。早いもので「今治セミナー」から一週間が、過ぎました。

お返事が遅れすみませんでした。

私の話が少しでもお役にたったならうれしいです。「自分と他人の境界線」はなかなか引くことは難しく感じます。

人が、「自分の領域」と「外の世界」を区切る、その目に見えないラインが境界線（バウンダリー）です。境界線は、人それぞれ異なり、その人の外の世界に対するスタンスが反映されています。境界線が硬く、いいものであっても、外の世界からの影響を寄せつけない人、ゆるくて外からの影響を受けすぎ、自分自身というものが揺さぶられがちな人など、さまざまです。

私は自分の価値観がしっかりしているようで、実は自己価値は低かったようです。自分の価値観と思っていたのは、親の価値観だったりして。

でも、境界線がわかってくると、他人からの不本意の呼びかけや要求に対して、「ノー」と言うことができて、自分を守ることも出来るようになってきました。自分の思いを伝えてもいいんだと。

自分の身体感覚に意識を置くことで、自分と相手との距離感がどう変わるか、どんな感情が生まれてくるか、観察することもできてきました。緊張したり、怒りが込みあがってくると体に力が入ってしまいます。この時に自分の気持ちを大切にすることが出来るようになると、少し楽になってきました。

いま私は「私らしく」を心がけています。

また、お目にかかれる時を楽しみにしています。時節柄、ご自愛ください。

かしこ

直江　文子

その後、彼女とお目にかかることがあった。

とてもイキイキと輝いていらっしゃってまぶしいくらいだった。「おかげさまで元気です」という言葉に、私も少しお役にたてた、ご褒美をもらったようで嬉しかったことが忘れられない。

断酒会会員の　あるご家族からの手紙

石崎　君代

直江　文子様

長年にわたり私ども断酒会に所属する本人、家族のために、男性中心の組織の中で事務局という一番に忙しく繁雑なお仕事をされ、おかげさまで私どももお顔を知ることが出来ました。

去る中国ブロックの折には我が家にお立ち寄りくださりお話できましたことは、私ども夫婦の一番の記念の出来事となりました。

残念ながら、若い時から現在まで他方面のことは無知な私どもは、生きるために酒を断つことが、一番の人生の目標となりました。妻の私は、主人の体のことより、幼い頃母に死なれ、父は7年の戦地で私が小学校一年の時初めて顔を見ましたので、心からなつくことが出来ず、7歳違いの妹を生み落とすと結核だった母は亡くなり、私とは12歳年上の従姉が父の後妻として来てくれ、私と妹を育ててくれました。

私の年齢になって考えれば、言葉に表わせないほどの山ほどの恩がありますが、9歳と3歳だった私と妹にとっては、今の義母との間に生まれた妹と弟で4人姉弟になり、20歳も年のはなれた口八丁、手八丁の若い女房に、戦地から帰り妻は亡くなり幼子二人を残され身内からのすすめで再婚した父は、いつも酒を飲むと酒乱気味になり、私は結婚して家を出た父と縁を切りたいと思うほどでした。

縁あって見合い結婚をして、何は無くも酒を飲まない人なら良いと思っていましたのに、父より若くスポーツマンで、きびきびした感じの主人の酒が、父と全く同じように一家を迷わすような人生になることなど、思いも知れませんでした。新婚時代からいろいろな問題が起こり、12年目に山口県で初めて断酒会を取り入れた病院に、会社の方針で強制的に入院させられることで、断酒会を知り今日に至りました。

最盛期の主人が一番に活動していた時期は、子どもたちが小さく手がかかり姑に頼んで、パートから帰り一品料理を作り、車で待っている主人と県内の例会に通いつめ、昼は仕事、夜は例会。土曜、日曜は姑が次々に嫁の私に田畑の仕事を持ってきて、主人といつも一緒なのに話があわなくなり、私が心身ともに疲れ果て考えた結果、県外に一緒に連れて行ってもらおうと決心し、姑の機嫌をとり、朝の間仕事をしたり、夜中まで用事をしたりして、県外へ出ました。

そこで初めて、見知らぬ仲間の家族の方たちの心からのいろいろな思いを吐き出される様子を実体験し、私も思い切って胸の内を少しずつ話すうちに気持ちが軽くなり、日常の事柄（家の内外のこと等）がとても楽に出来るようになりました。

反面家に残された2人の娘は、両親が居ながらいつもバアちゃんと留守番ばかり、主人の弟の子供3人も近くで共働きのため学校から帰るのは私宅で、いつも5人の子供たちが特に春休み、夏休み、冬休みの間は、姑も孫たちに昼食を食べさせるだけでも大変な苦労だったと思い、申し訳ない気持ちですが、結局は夜食事の時はいつも次女（おとなしいので）に、私ども夫婦の愚痴話を言って気を晴らす日々だったとのこと、次女は幼児期から成人に至るまでにあらゆる自傷行為を繰り返し、摂食障害になり、最終的には4年前に再婚するまで、私は断酒会と家族の間で自分を使い分け、長女に言わせると二重人格だとのことですが、生きるために（私と娘2人）が酒を断ってもらいたいと私が思い、同じ目標を持つなら人の後から嫌々でなしに先頭に立って目標に向かって進んで欲しい、そのためには私は他のことは全て引き受ける決心しました。やはり子どもの頃からの母の居ない淋しさ、悲しさ、心から甘える親の居ない淋しさ、父のだらしなさ等、何事があっても実家へは帰れない。この家しかないのだと自分に言い聞かせては、気持ちを切り替えてきました。

今もパートから帰り時間を見ては例会に出かけるため、動く私の腰に手をまわし「行かんで、行かんで、淋し」と泣く幼稚園の頃の娘の小さな柔らかい手を一本、一本離し、父さんに叱られるから待っちょってね、帰って話すからと、私も泣きながら心を残しながら、イライラと車に乗って私を待っている主人の顔色を見ながら、姑を風呂に入れます、

「ご飯食べれます、子供たちを頼みます」と、暗いのにまだ外で仕事をして不機嫌な姑に声を掛け、車に飛び乗って毎日例会に出たこと、中学生になり修学旅行3日前に病院の院内例会から帰ると、家中灯がついており、姑が「断酒会にのぼせて子供を殺す気か」と叱ったことが、その時の主人の顔が、結局娘は友だちに電話をかけ先生も来られ、お医者に連れて行ってもらったとのこと。私は頭が空っぽになり、迷い続けました。

自宅例会は迫っています。でも決心しました。姑も娘も私を恨んだことでしょう。痛いほどよくわかります。でも、苦しくとも悲しくとも、何事もなかったように断酒例会は続けました。振り返ってみると30年間わが家で例会を続けました。現在は週1回月4回の例会に、主人に出席してもらいたくて私なりにいろいろ考えています。

「死ぬまで現役でいたい」という夫の願いをかなえるために！

直江さんから退職後の夢をお聞きしました。

とうとう実現されたのですね。私どもの会員さんが九州（熊本）ブロック大会に参加した折、直江さんが講演をされたと、帰って一番に報告されました。

私ども夫婦も、自分のことのように嬉しくて拍手いたします。「彩人材教育」との名称の会社を始められたのですね。

夫は月1回癌の定期検診に行きます。数値は格別に異常もなく安定して自宅療養していますが、私どもも梅雨から台風の長い雨日和りで食欲もなくなり、晴れた日は熱中症になりそうです。

ご自分の「夢」を叶えられ素晴らしいご活躍に、遠く離れた私どもはただ、精一杯の心からのお祝いを申し上げます。

どうぞいつまでもお元気で、どこかでお会い出来る日を楽しみに！

平成26年〇月〇日

寄稿

私と断酒会

東北文化学園大学医療福祉学部　助教　若林真衣子

1．アルコール依存症との出会い

よく「どうしてアルコール依存症の研究をしようと思ったの？」と訊かれる。私とこの病との出会いは私と恩師との出会いによる。

私は心理学を勉強しようと思って、筑波大学第二学群人間学類（現、人間学群）に入ったが、諸般の事情で心身障害学専攻（現、障害科学類）に進んだ。障害児教育がメインで私が入学前に考えていたこととはだいぶ違う専攻だが、先生方のお話は実践的でとても楽しかった。その中で恩師の講義を聴いた。彼は病弱児の教育について、静かに、しかし熱く語っていた。病気で長期療養している子どもたちの多くが教育を受ける機会を保証されていないこと、この分野の研究者は飲み屋の片隅で懇親会が出来てしまう程度の数しかおらず危機感を感じていることなどを聴いた。当時の私は、人間科学関係の研究者になるという進路だけは何故か決めていた。思えば昔から「マイノリティの声」に敏感で、「少数派は何故迫害されるのか？」と考えることが多く、病弱児療育に魅力を感じたのだろう。そこで恩師の研究室へ行き、「病弱児療育の研究者になりたい」と話すと、恩師は「子どももいいけど、大人もおもしろいよ」と、急にアルコール依存症の話をし始めた。その静かだが有無を言わせない迫力に圧倒されてしまったのだが、確かにもともとは大人に興味があったので、この分野でレポートを書いてみることにした。これで面白かったら乗ろう、というわけである。

結果、アルコール依存症の勉強は面白かった。世の中にはアルコールが溢れていて、むしろ飲むことが推奨されるような社会（特に私が大学生だったころは今よりもその風潮は強かった）で、アルコールを飲みたくても飲めない病気の人たちが居る。そしてその人たちは意志が弱く、社会の落伍者であるという烙印を押されて、適切な治療に結びつく確率も低ければ、治療の分野でも嫌われている。研究者も決して多くはなく、数少ない意のある専門職と、何より当事者たちが必死で現場を支えている状況であった。

上述した私の問題意識から考えれば、十分おもしろいはずである。研究室には既に病弱児療育を専門にしている先輩方がいらしたこともあり、私はその専攻内ではよりマイノリティ（というより障碍児教育ではないので完全に異端）な、アルコール依存症の研究をすることに決めた。

さて、ここまで何も説明していなかったが、なぜ恩師は急にアルコール依存症の話をしたのか、疑問に思うだろう。恩師は実は自らがアルコール依存症患者であり、私が恩師の所に「病弱児療育をやりたい」と言いに行った頃、彼は断酒して3年ほど経ったころだった。後に本人に訊いたところによれば、「病弱児療育や難病問題は健康障害という枠組みになる。アルコール依存症だって難治性の健康障害だ。断酒して3年経って、そろそろ自分の病気を研究してみても良いころだと思っていた。」とのことである。飛んで火に入る夏の虫とはこのことだったのかもしれない。

2. 断酒会・研究テーマとの出会い

ともあれ、私はアルコール依存症についての研究を始めた。恩師は早速当事者たちと関わるようにということで、私を断酒会に紹介した(彼は断酒会員だった)。しかし私の恩師という人は大変忙しい人で、そんなに何度も私を断酒会に「連れて」行ってはくれなかった。

そのため一人で回り始めたが、そんなに困ることはなかった。なぜなら、断酒会の人は「自分たちのことを勉強する人」は貴重であり、ぜひ世話してやりたい、と思っている人が多かったからだ。「～の会長を紹介してあげるよ」とか、「よく来てくれたね」とか、「断酒会って言うのはね……」とか話しかけてくれる優しいおじさんたちのお世話になったのだ。本書の著者である直江さんはこの頃すでに全日本断酒連盟の事務局で働いていらしたので、各所でお会いした。

これで食べていこうと思っているわけなので、私は必死だった。とにかくたくさん断酒会へ行った。宿泊研修会にも行った。体験談だけでは聴けない、彼ら彼女らの本音を「夜話」や「喫煙所」でたくさん聴いた。断酒会はおろか、依存症関係の学会も誰に紹介してもらうでなく、一人で探して一人で行った。私は「この病気を世の中に知ってもらおう」という問題意識で始めた研究だったが、これらの経験を通して、アルコール依存症のことはみんな「なんとなく」わかっている、経験知はあるようだが、それが業界外の人たちにわかるようになっていないのだと思うようになった。

では、何から手をつけようか。私が断酒会に通うようになって数年たったころ、疫学研究（依存症の人は推計全国で何人くらいいる、など）は大規模なものが始まっていた。もしこれが進んでいなかったら私は今頃、公衆衛生学分野に進んでいた可能性は否めない。やはりこの病気の客観的な状態が明らかになることは、普及啓発ではまず必要なことである。しかし幸か不幸かそちらは全国的な動きがあったため、私は断酒会に通う中で興味を持った「回復」について研究することにした。

アルコール依存症は、酒をコントロールして飲めなくなることが主症状であり、その主症状自体は治らない。しかし、断酒を続けることにより社会生活を営むことが可能であることから「治らないが回復する」病気であるといわれている。しかし、「治らない」し「回復する」当事者も決して多くはないため、医療保健福祉の現場の人々は疲弊してしまう。「治す」ことができないのであれば、皆が「回復」できるようにするしかない。「アルコール依存症はこう回復するんだよ」がみんなに広まれば、もっとアルコール依存症の治療に関わってくれる人が増えるんじゃないか、という単純な発想である。

しかし、この「回復」が結構わかりづらい。当事者に会っていれば「なんとなく」わかるのであるが、具体的なところに落とし込むのが存外難しい。例えば断酒会で発行している「断酒新生指針」には、文字通り断酒の指針が記載されているわけであるが、その内容は下記の通りである。

〈断酒新生指針〉

1．酒に対して無力であり、自分ひとりの力だけではどうにもならなかったことを認める。
2．断酒例会に出席し自分を率直に語る。
3．酒害体験を掘り起こし、過去の過ちを素直に認める。また、仲間たちの話を謙虚に聞き自己洞察を深める。
4．お互いの人格の触れ合い、心の結びつきが断酒を可能にすることを認め、仲間たちとの信頼を深める。
5．自分を改革する努力をし、新しい人生を創る。
6．家族はもとより、迷惑をかけた人たちに償いをする。
7．断酒の歓びを酒害に悩む人たちに伝える。

これは断酒会の先人たちが、自分たちが断酒継続にあたり必要だと実感したことが書かれているわけである。「自己洞察」、「人格の触れ合い」、「自分を改革」、果ては「新しい人生を創る」とまである。初めて見た人はさぞや驚くであろう。しかし彼ら彼女らにしてみれば、今まで自分の生きづらさを埋めてきた酒無くして人生を歩むということは、新しい人生を歩むのと同義なのである。彼らにとって「回復」とは「新しく生きること」なのであろう。それは断酒会でよく目にする「新生」という言葉に表れている。

「回復すること」が「新しく生きること」なのであるとすれば、「回復」が見えづらいのは当然である。なぜなら人生は人それぞれであり、「新生」も人それぞれの形があるからだ。しかし、「指針」が作れるのであれば、「断酒新生」には何か共通項があるはずであり、それがもっとわかりやすく示せれば、「回復像」が伝わるのではないか。そう思って私は今日も「アルコール依存症者の回復過程」について研究を続けている。

近年はそれをどう活かすかということも視野に入れて、依存症の支援ネットワークについても調査するようになった。早く「ご恩返し」ができる日を迎えたいものである。

3. 断酒会に思うこと

さて話は変わって、断酒会は近年会員不足に悩んでいるそうである。若年層の人口そのものが減っているので、単純に増減の話に持っていくのはナンセンスではあるが、アルコール依存症患者は80万人と推測されている中（尾崎ら、２００３）、全日本断酒連盟の会員数は約８２００人である。もうひとつ、アルコール依存症当事者団体の大手であるAlcoholics Anonymous（以下、ＡＡ）も６０００人程度といわれている。厚労省が２００８年に行った患者調査によれば、アルコール依存症の患者は４万４０００人なので、いかに多くの人間がどこにも繋がっていないか、ということが伺える。これは現在の医療や福祉をはじめとして、日本社会に大きな責任があると私は考えているが、これを受けて断酒会はどうしていくのだろうか。

断酒会はずっと、自分たちに必要なことは自分たちで開拓してきた。地域の保健医療でアルコール依存症への理解が足りないと感じれば、自ら保健所や福祉事務所に赴き、熱心な啓発活動をしてきた歴史がある。「家族ぐるみの断酒」を掲げてきた断酒会でも、単身者や女性の問題が顕在化すれば、「シングル」や「アメシスト」といったサブグループを作って対応してきた。「酒害に苦しむ仲間を助ける」ために、刑務所や病院に赴き、メッセージを送ってきた。日本社会に自分たちの病気への理解が足りない、と思ったから普及啓発も活動の一環に掲げてきた。さらに全日本断酒連盟は２００９年公益社団法人格を取得し、さらに「外向き」の組織として活動しようとしている。アルコール健康障害対策基本法が２０１４年６月に施行され、その動きはますます活発化していくのであろう。

しかし、断酒会がこの動きを続けていくには、かなり精力的に動ける者が一定数居ることが求められるのではないだろうか。若年層の人口が減っているということは、近い未来、入会してくる世代は母数そのものが少なくなるということである。（それは大学入学者数の減少という形で、私は職業柄実感している）このままの体制で果たして組織としてもつのであろうか。

ちなみにこれは断酒会に限らず、「マンパワー不足」というどこでも聞く問題である。「動ける者」が少ない中でやりくりしている団体は日本中にたくさんある。その中で人々を支えているものは何なのか。おそらくそれは「つながり」なのであろう。このことは私が断酒会から教わったことのひとつである。自分の在住地域の会員が少なく（そもそも人口が少なく）、自分に合う仲間を探して全国行脚を始めた会員の方は、私が知っているだけでも少なくない。また、「外に出る」ことは組織に刺激を与える。断酒会に伝わる「頭ではなく足で断酒する」というのは、断酒そのものだけでなく、断酒会そのものに影響する言葉ではないかと、最近は思うようになった。しかしここで会員数の減少という問題があらためて立ちはだかる。会員数が減っている中、断酒会の中だけで自分を支えるような「つながり」をこれから見つけていくことはできるのだろうか。

そのヒントは、先日私が調査したある断酒会のある出来事に見えたような気がした。その断酒会は、ある公開セミナーに一般人200人を迎えるという大金星を挙げたのであるが、その背景には、アルコール依存症に限らない、市民活動ネットワークがあったのである。今まで断酒会にあまりなかった、「活動をわかちあう団体」の存在である。

今まで断酒会は、普及啓発活動のために、さまざまな形で社会に働きかけてきた。アルコール基本法の成立に尽力したアルコール問題議員連盟だって、断酒会が日ごろから普及啓発のために議員たちとつながり続けてきたことによってスムーズに発足したのである（アルコール健康障害対策基本法推進の集いｉｎ青森の基調講演より）。しかし、自分たちからの「発信」を一方的に続ける状況というのは、疲弊しやすい。今後は視野を広げ、「活動をわかちあうつながり」を求めていくことが、断酒会の皆様のご負担を少しでも軽減し、かつ活動を盛り上げる助けになるのではないだろうかと感じている、今日この頃である。

最後に、私をいつも暖かく見守ってくださる断酒会の皆様に心からの感謝をもって、この原稿を終わりとする。

生活保護における就労支援

厳しい経済状況が続く中で平成25年（２０１３）年2月、生活保護受給者数は２１５万5千人となり、10ヶ月連続で過去最多を記録した。終戦直後の過去最多受給者数（２０４万6千人）を超えている。

近年は高齢、障害、傷病、母子世帯の受給者とは別に、働ける力がありながら生活保護を受けている人たち――「その他の世帯」（特に長期失業者）が増加していることも特徴である。

アメリカで起きたリーマンショック以降、経済激変の嵐は日本経済にも大きな波紋を引き起こした。派遣労働者の雇い止めや解雇で「派遣切り」という言葉が巷にあふれた。

24時間操業している工場には、住み込みで仕事をしていた方もいた。その方々は、派遣切りや離職とともに寮からの退去を求められる。このような状況で仕事や資産を持っていない人は、理屈上誰でも生活保護が受給できるようになったの

生活保護における就労支援

厳しい経済状況が続く中で平成25年（2013）年2月、生活保護受給者数は215万5千人となり、10ヶ月連続で過去最多を記録した。終戦直後の過去最多受給者数（204万6千人）を超えている。

近年は高齢、障害、傷病、母子世帯の受給者とは別に、働ける力がありながら生活保護を受けている人たち——「その他の世帯」（特に長期失業者）が増加していることも特徴である。

アメリカで起きたリーマンショック以降、経済激変の嵐は日本経済にも大きな波紋を引き起こした。派遣労働者の雇い止めや解雇で「派遣切り」という言葉が巷にあふれた。

24時間操業している工場には、住み込みで仕事をしていた方もいた。その方々は、派遣切りや離職とともに寮からの退去を求められる。このような状況で仕事や資産を持っていない人は、理屈上誰でも生活保護が受給できるようになったのである。

平成25年4月にさいたま市は、就労困難者支援として「さいたま市生活保護就労支援業務」を立ち上げ、生活保護受給者の就労自立支援を開始した。

その一つとして「さいたま市職業訓練センター」が設立された。

その事業内容は、さいたま市が稼働能力を有する生活保護受給者の中で、一旦就労したことがあるが何らかの事情で離職を繰り返す、生活習慣が乱れることで就労することが難しくなってしまった人に対する、個々の生活歴、職歴、ビジネスマナー、コミュニケーション能力などに応じた就労支援の実施であり、就労能力及び就労意欲の向上を図ることが目的である。

縁があり、キャリア・カウンセリングを含む職業訓練支援員として、私は開校から関わる機会を得た。キャリア・カウンセリングとは、再就職支援だけでなく、退職や転勤、独立など、職の転機にさしかかっている人にカウンセリングを行い、よりよい生き方を探る。面談を通じて再就職に向けて何が邪魔しているのかを洗い出したうえで、就労に向けた意欲を高める働きかけを行う。

全日本断酒連盟に勤務していた時に、知人が「特定非営利活動法人自立生活サポートセンター・もやい」のボランティアをしていた。その知人から「アルコール問題がある人がいるが、どうしたらよいのだろう」と聞かれたことがあった。「もやい」はホームレスや派遣労働者や生活保護受給者などの自立支援を行っている団体であり、２００８年（平成20年）末に東京・日比谷公園で行われたイベント、『年越し派遣村』とても知られている。

実際にホームレスの人のなかに「アルコール依存症」の方がいることは、以前全断連のセミナーでお話しいただいた精神科医　森川すいめい先生（当時は久里浜アルコール症センター勤務）に聞いたことがあった。

森川先生は言う。〝ホームレス〟の人の中には精神疾患を有する人が４～６割もいることが分かってきました。日本の〝ホームレス〟問題は今まで就労支援を中心に行われてきましたが、支援活動をしていく上で、路上生活者の仕事の課題と精神保健の間にある課題のギャップの埋め方が分からず、四苦八苦しながら支援活動を行っていました。今課題となっているのは、「支援を繋ぐ人」を増やすことです。

このときのセミナーでの、このようなお話が記憶に残っており、私は職業訓練支援員として働くことにした。

「職業訓練センター」に訓練生として入校する生活保護受給者の年齢層はさまざまであり、福祉事務所の所長が承認した人が受講することが認められる。若い人では18歳から、高齢の方は63歳の男性、女性である。

まず訓練生の個々のバックグランドがわからない中での支援は、「職業訓練」「就労体験」「ボランティア活動」「資格取得」「生活改善」「就労相談」を行うなどである。

サポート体験記

福祉事務所のケースワーカーと職業訓練支援員とは連携をとりながら生活保護受給者に自立に向けた支援を行う。訓練生は男性が多く女性は1人から2人。月により訓練に来る人数も変動がある。外国の方も受講することがあり、コミュニケーションがなかなか難しいこともある。

訓練センター初日は面談から始まる。訓練生の生活保護受給に至るまでの経緯や家庭環境、今後についてどのようにしていきたいかなどの聞き取りである。

今回の訓練受講は「本人希望での受講か」との質問に、ほとんどの訓練生が口をそろえたように「訓練にいかないと保護費を止められてしまうから……」と答えることが印象的だった。

サポート1

I氏は生活保護を受給して10年になるという。きっかけはホームレス狩りに会ったことだった。彼は上野公園を拠点にしていたホームレスだった。ある日見知らぬ男性に「生活保護を受給できるがいっしょに来ないか」と声を掛けられた。冬に向かい外で寝るのが厳しくなっていた時のことだった。ホームレス仲間と2人で見ず知らずの男について行ったのがきっかけだった。男性のおかげで生活保護が受給できるようになり、アパートに住むことが出来るようになった。男性はいわゆる貧困ビジネスとして、生活困窮者向けあるいはホームレス向けの施設運営を行っていた。

その手口は、顧客となる東京都内でホームレス生活をしている人々に声をかけていくものだ。「寝るところがないなら生活保護の手続きを一緒にしてやる」

……そして毎月12万の保護費から1万5千円だけ手渡され、あとは寮費と食事代として取られてしまう。

そんな訓練生が職業体験に行って、「ちゃんと仕事をして寮を出たい」ということになった。

就職するためには住所が必要になる。彼はさいたま市のケースワーカーに相談して、寮から出てアパートを借りることができた。これをきっかけに就職活動を始めたのだが、10年のブランクがある彼の就職は、仕事を選り好みしていなくても難しかった。

結果、せっかく脱出した寮に1ヶ月で自ら戻ってしまった。なぜなら、「一人暮らしは淋しい」とのことだった。

サポート2

S君は20代前半の男性である。面談では聞かれことに答えはするが、どことなく投げやりであった。

高校を卒業し担任の先生の紹介で、冷凍機、冷凍・冷蔵ショーケース据付工事、修理をコンビニエンス中心に行っている会社に就職した。

そこで4年間頑張って働いたが、仕事は忙しく、その上冷凍庫の取り付け作業は想像以上に厳しかった。このままでは体が持たないと思い退職をした。4年勤務していたので失業保険を受給することができたが、就職に繋がらず生活保護受給となった。もともと母親と二人暮らしであったが、S君が小学校の時に統合失調症を発症しており生活保護世帯であったため、就職を期に家を出ていた。

S君は就職活動を行ってはいたが、自分にどのような仕事が向いているのかわからず、就労に結びつかなかった。パソコンの授業では覚えが早く興味をもった。自宅にパソコンがないので授業が終わった後もパソコンの練習をしていた。結果、頑張ってパソコン検定3級にチャレンジして合格することができた。

これをきっかけに就職活動を始めた。まずは基本的な「履歴書の書き方」や「面接の受け方」。

一つでも多くのアピールできるセールス・ポイントを増やすために、カウンセリングを行い、訓練受講後の再就職までマンツーマンで支援をした結果、アルバイトではあるが、パソコン検定3級の資格取得を買われ就職することができた。報告に来てくれたSくんはニヒルな若者で、あまり笑顔を見せることがなかったが、この時ばかりは嬉しそうだった。

サポート3

F氏は60歳を過ぎた男性である。

初回の面談時に少し赤い顔で来た。今回の受講のきっかけは「早く就職しろ」とケースワーカーに言われたからとのことである。就労に向けてパソコンを勉強したいと意欲的であるが、翌日の訓練は休むと言う。腰が痛むので病院の予約がある。

「病院は一日かからないのでは？」と聞くと、黙り込んでしまった。訓練を休む時は「福祉事務所の担当ワーカーに了解を取るように」と伝えると、電話しておくとのことだった。

F氏は翌日から一度も訓練に来ることはなかった。3日ほど休みが続いたのでF氏の寮に連絡を入れてみることにした。電話口に出た寮母さんから意外な言葉を聞いた。「当分行けない」と言う。どうしてかと聞いてみると、お酒を飲んでいるから1週間は動けないと。

面接のときに「もしかしたら……アルコール」と恐れたことが現実になった。早々、担当ケースワーカーに連絡を入れ状況を話した。ケースワーカーは様子を見に行かれ、その後直接説明に来てくれた。私は感じていた質問をケースワーカーにぶつけた。

アルコール問題があることは分っていたのではないのか？　アルコール依存症なら就労させる前に病院に繋げることが先ではないのか？　という私の権幕に、平身低頭だった。

訓練に来られる状態になったらいつでも来てくれるように伝えてほしいことと、私からも連絡は取ってみることを伝えた。2日後再度寮に連絡を入れたところ寮母さんから伝えられた言葉は、「2日前から寮に帰ってこない」。

今までにもそのようなことがあったのか尋ねたところ、「そのようなことはない」とのことであった。

アルコール依存症の人は、お酒を飲みすぎて記憶が飛んでしまい、気がついたら神戸から東京青山に来ていたなんていうことがある。それを思い出し確認したのである。

早々とケースワーカーに報告をした。私たち職業訓練支援員が関われるのはここまでである。「もしかしたら……アルコール依存症」が現実になった。

その後、訓練には一度も来ることがなかったが、報告書作成があるので担当ワーカーに連絡をいれてみた。その後Fさんは行方不明のままだそうである。

私にとってもアルコール問題をもった人の支援の難しさを痛感した一幕だった。

サポート4

Sさんは小柄な60を少し越えた男性である。生活保護を受ける前は大工をやっていたとのことだった。

リーマンショック以降仕事が減ってとうとう働くところがなくなってしまい、ホームレス生活をしていたところ、「仕事があるから紹介する」と男性から声を掛けられて、現在の寮に入り受給が始まった。

Sさんはとてもまじめなお人柄で、訓練期間に休むことはなく、無口だが話しかけると俯き加減に笑いながら返事を返してくる。長年の大工仕事から日に焼けて少し浅黒い人だった。その浅黒い顔が、あるときほんのりと赤味が帯びていた。

チョット気になった瞬間である。ある朝通勤の途中でSさんを見かけた。Sさんは自動販売機を前にカップ酒を飲み干すところだった。Sさんはちゃんと訓練センターに来て1日訓練を受けた。帰り際に飲みすぎないように声をかけたが、本人は飲んでいないと否定した。

アルコール依存症特有の「否認」である。

あるとき、午前中の「折り紙の訓練」があった。この時間を担当していた私は、Sさんの手が微妙に震えているのを確認した。少し酒が切れて来たのだろうと。午前中の訓練が終わり昼休みに入った。その後、午後の授業の時さりげなくS氏の様子を確認したところ、手の震えは止まっていたが、呼気からは酒の匂いが漂っていた。アルコール依存症は飲んだ後はピタリと震えが止まる。飲むと仕事がスムーズに捗る。普通の状態が普通でなくなる。飲んだ時が普通に戻るようだ。

サポート5

OさんはIT関係の会社で仕事をしていた。30を少し過ぎたばかりの青年だ。

初日はスーツ姿で訓練センターに来た。身だしなみも整っており、言葉づかいも丁寧である。訓練センターに近いということもあるが30分前には来ている。講義も真面目に取り組んでおり、他の訓練生の方とも関わることが出来ている。

そのようなOさんが保護受給に至ったのは、上司との意見の違いから仕事に負荷がかかり、ストレスを解消するために始めたネットゲームにはまってしまったことだった。

最初は無料でできるパズドラを楽しんでいたが、モンスターを集めることに興味が出てきてしまった。無料だったゲームもこうなると課金される。

会社もゲームに熱中するあまり昼夜逆転の生活になり、休みがちになっていた。だんだん会社に行きづらくなり、結果退職してしまった。仕事はすぐ見つかると思っていたが、採用にはならなかった。それでもOさんは、手当たり次第応募書類を送り続けた。面接まで行くこともあったが、面接からしばらくして携帯電話に入る連絡は「不採用」。

最初は若いからどうにでもなるだろうと思っていたが、実際にはなかなか思うようにいかなかった。面接までいくが結果はどこにも採用されない。ずっと落とされるのはシンドイ。そのしんどさから逃れるためにオンラインゲームにどんどんはまっていった。特にMMORPGは、ネット上の顔も知らない仲間と協力してやるゲームなので、自分が抜けるとパーティーが死んでしまい、ゲームを続けることができない。

夜9時に呼集すると、仲間が集まりゲームが始まる。ゲームは翌朝まで続くので、ペットボトルを用意してトイレにも行かない人もいる。就職できないことがきっかけで生活保護受給になり、ゲームにはまってしまった。

こうなるとゲームはストレス解消の息抜きではなく、ゲームをすることが生きがいになる。

ゲームをやらなければ強くなれない。やらなければ生きていけない。Oさんにとってゲームは仕事といっしょ。リアルな生活に満足していない。リア充ではない。ゲームは頑張れば成果がすぐに出る。ネト充は敵を倒せば結果が見える。現実はすぐに結果はもとめられない。目にみえないからモチベーションも下がってしまうがリアルマネートレードで稼ぐこともできる。

途中で止められないゲームを最後までやり抜く。ご飯や風呂を抜き犠牲にしてもやりたいと思うから会社まで辞める。ネットな中ではトップをとり有名になれる。

と話してくれた。まさにネット依存である。

訓練センターをきっかけに就職してみようとの問いかけにOさんは、今のゲームが終了したら考えると話してくれた。

就労支援から見えてきたこと

実際には1年以上生活保護を受けているとなかなか就職に繋がりにくい。早ければ早いほど就職活動は就労に繋がりやすい。7ケ月で25名の方を支援させていただいた。訓練中に就職に結びついた方は4名、そのうちの1名は3ケ月でやめたが、再度就職することができた。訓練終了後に就職につながった方は3名いらっしゃった。

私は契約満了で退職したが、就労支援員さんを通じて「就職できた」という報告と、「現在も続けていることを伝えてほしい」と言ううれしい報告をいただいた。「支援をつなぐ人」という言葉が頭に浮かんだ。

もしかして「ネット依存症」？

「スマホ」注意報！
スマホ普及で「ネット依存」の中高生、国内に52万人

「スマホ」の略称で、いま急速に普及しつつあるスマートフォン。スマートフォンはパソコンの機能をベースとして作られた多機能携帯電話で、ネットとの親和性が高いとされています。日本でのスマートフォンの普及率は20％程度とされていますが、近年若い世代を中心にケータイからスマートフォンに乗り換える傾向があるようです。

スマートフォンは大変便利で、ケータイ以上にいろいろなことができます。例えば、SNS（ソーシャルネットワーキングサービス）や簡単なオンラインゲームは勿論のこと、メッセンジャーやスカイプなどのビデオ通話、動画や音楽のダウンロードもできます。撮影した写真や動画を、瞬時にネットを通して友人や見

知らぬ人と共有できたりもします。SNSやGPSの機能を用いて、友達や知り合いが今どこで何をしているかを瞬時に、詳細な地図や写真や動画付きで知ることもできます。スマートフォンは携帯電話が発展した、高機能な電話機と考えるのではなく、何でもできる〝高性能ミニPC〟と考えた方が良さそうです。

（久里浜医療センターホームページより引用　看護師　橋本琢磨氏による）

橋本氏の文章にあるとおり、最近のスマートフォンの普及によって、いわゆる「インターネット依存症」を疑われる人が急速に増えているとも言われている。特に中学生や高校生のネット利用は、今やパソコンやゲーム機でなく、スマホ（スマートフォン）が主流になろうとしている。

全国の中高生10万人近くが回答した「インターネット使用実態に関する厚生労働省研究班の調査」で、「病的な使用」と判定され、ネット依存が強く疑われる生徒が8・1％に上った。研究班は調査結果と中学、高校の全生徒数を基に、ネット依存の生徒を約51万8千人と推計している。（調査発表2013年8月1日）

この調査は2012年10月～2013年3月に実施。47都道府県の中高生約14万人に学校を通じ調査票を配布、約9万8千人が回答した。

ネットを利用するときに使うのは、多い順にパソコン、スマートフォン（多機能携帯電話）、携帯電話で、平日のネット使用の平均時間が5時間以上としたのは中学生9・0％、高校生14・4％。休日は中学生13・9％、高校生21・2％だった。

ネット依存を疑われる人が急速に増えている

気がつけばいつの間にか、電車内でも路上でも、ケータイやスマホに見入る人びとの姿を見かけることが、ごく普通の光景となっている。

家族や友人といっしょに過ごしている団らんの時でさえ、スマートフォンを手放せず、絶えず新規メッセージや新たな書き込みを探している。

たしかにインターネットは、私たちの生活の中になくてはならないほど、便利で身近なものになっていることは否めない。

しかし、スマートフォンの普及により、いわゆる「インターネット依存症」を疑われる人が急速に増えているとも言われている。

そこで今回、２０１３年7月から全国ではじめての「ネット依存治療研究部門（ＴＩＡＲ）」を開設し、ネット依存症の治療を開始した久里浜医療センター（神奈川県横須賀市）の臨床心理士　三原聡子先生に、お話をうかがってきた。

「ネット依存治療研究部門」開設のきっかけ

２００８年に厚生労働科学研究による「成人の飲酒と生活習慣に関する事態調査」についての研究が行われ、その中の項目として「アルコール依存と他の依存の関連」の研究があり、ネット依存関連の統計が採られた。

アルコールとネットとの関連性は特になかったが、その研究の結果をもとに、わが国の20歳以上の成人でネット依存傾向がある人は、全国で２７１万人にのぼると判明した。調査はInternet Addiction Test（ＩＡＴ）を使用して行われ、この研究がきっかけとなって、「ネット依存治療研究部門」外来の立ち上げにつながった。

この研究分析に関わった三原聡子先生は、「未成年者を含めれば５００万人にのぼる可能性もある」と述べておられる。

「ネット依存」の定義とは

どこからが「依存」という線引きはむずかしいところだが、久里浜医療センターとしては、Center for On-line Addiction 創立者キンバリー・ヤング博士のＩＡＴを便宜上使用しているが、ヤング博士はほかにもＤＱ（Diagnostic Questionnaire）も作成している。このＤＱは、ギャンブル依存の診断基準をネットに置き換えたものである。（次頁参照）

日本における「ネット依存」の現状

前述のとおり、わが国における成人のネット依存傾向者は２７１万人と推計される。

年代別では、20代、30代に顕著であり、若ければ若いほど多いのが実態である。さらに考えると、20歳以下の未成年者のネット依存は非常に多いと推し量られる。したがって全国のネット依存者数は数百万と推計せざるを得ない。

ネット依存傾向にある者は、若年層に著しい、高学歴者にも多い。未婚者に多い。小中高を問わず学生に顕著である、など広く見られる。したがって10代から50代まで年齢も幅広い。

ヤングによる診断ガイドライン案 Diagnostic Questionnaire（DQ）

1. ネットに夢中になっていると感じていますか？（たとえば前にネットでしたことを考えたり、次に接続することをワクワクして待っているなど）
2. 満足を得るためには、ネットを使っている時間をだんだん長くしていかなければならないと感じていますか？
3. ネット使用を制限したり、時間を減らしたり、完全にやめようとしたが、うまくいかなかったことがたびたびありましたか？
4. ネット使用時間を短くしたり、完全にやめようとした時、落ち着きのなさ、不機嫌、落ち込み、またはイライラなどを感じますか？
5. はじめ意図したよりも長い時間オンライン状態でいますか？
6. ネットのために、大切な人間関係、仕事、教育や出世の機会を棒に振るようなことがありましたか？
7. ネットのはまり具合を隠すために、家族、治療者や他の人たちに対して嘘をついたことがありますか？
8. 問題から逃れるため、または絶望的な気持ち、罪悪感、不安、落ち込みといった嫌な気持ちから解放される方法として、ネットを使いますか？

＊ DSM-IV の病的賭博の診断基準の改変版
＊ 8 項目中 5 項目以上を IA とする
＊翻訳は発表らによる草稿
Young KS. CyberPshychol Behav. 1: 237-44,1998
（久里浜医療センター HP より引用）

一口に「ネット依存」とくくっても、依存の内容は多岐に亘る。オンラインでつながるものに執着している形は、すべてネット依存と言える。

オンラインゲーム（ネトゲ）にはまる依存者が多いし、ほかに動画サイト、ブログ、ソーシャルネットワーク、ケータイゲーム等がある。

ネット依存から生じる問題

長時間インターネットに接続して、モニターの前から離れない。学校に行けなくなる。一日十数時間、起きている間はずっと、となると事態は深刻である。

十年間毎日ゲームを続けているといったケースも珍しくはないとは、三原先生の言であった。

○「エコノミークラス症候群」で死亡

ＩＴ化が日本以上に進んだ韓国では、ネットカフェで数日間にわたってネットを使い続けていた人が、エコノミークラス症候群（肺塞栓症）を起こして死亡する例も出て、社会問題になっている。

○眼精疲労・腰痛

日本でも、ネット依存者には眼精疲労が顕著に見られる。ずっと同じ姿勢で座っているので、若い人でも腰痛を訴える。

○昼夜逆転・睡眠障害、学校中退

ネット依存からは、必然的に昼夜逆転、睡眠障害が起きてくる。

というのは、「オンラインゲーム」は必ず24時くらいがいちばん盛り上がっているからである。ゲーマーみんなが集まってくるのが21時頃、したがって24時くらいから一番盛り上がって、1時、2時、3時と続いていく。つまり深夜がメインの時間帯。

したがって昼夜逆転が必ずついてきて、朝起きられない、学校へ行けなくなって中退してしまうことなども起きる。

オンラインゲームは、相手がコンピュータではなくて、相手はみんな人間というわけである。したがって、みんなと9時、10時などと約束をして、みんなでチームを組んで狩りに出たりする。その時間は自分がいなかったりすると、もう遊んでもらえなかったり、チームから置いて行かれちゃったりする。みんなで協力してやっていかなければならない。明日テストがあるからとか、仕事があるから寝るなどと言うことが出来ない。1時、2時とどんどん盛り上がって、遅くなってしまうというのが通例。

三原先生は「ネット依存の外来に見えながら、面談の休憩時間にトイレでゲームをしている患者がいる。診察中にもケータイが鳴ってゲーム仲間に呼び出されている方がいる。点滴をしながらでも、ゲームをしている人もいる」と語る。「四六時中、ネットのことを考えている、頭から離れない方が多いのです」とも。

ネット依存の背後にある問題

このようにネットに多くの時間を費やすことにより、現実に困っている方たちが非常に多い。

- 親しい人や家族とのあり方が変わってしまった。
- 周りとのコミュニケーションが少なくなった。
- 外出しなくなった。
- 一日中ゲームやケータイを手放せなくなった。
- 小言を言われて、ケンカや暴力になってしまう。

などなどの現象が起きている。

また、ネット依存に陥る背後には、現実のさまざまの悩み事や、人間関係の問題が存在することも多い。

・職場や学校で、人間関係がうまくいかない。
・周囲の人びとや家族とうまくいかない。
・心や体に問題をかかえている。

このような現実世界でうまくいかないため、ネットの世界にだけ居場所を見出してしまうことも多いようだ。（久里浜医療センターホームページを参照）

ゲーム依存か、人間関係依存か

ネット依存症というのは、パソコンと向かい合いながら、電波の向こう、インターネット回線の向こうにいる「人」を求めていると言える場合もあるのかもしれない。

そのときの心象って、いったいなんだろう。

単なる「ゲーム依存」なのか、「人間関係依存」なのか、求めるものに違いがあるようだ。

仲間との一体感が欲しい人もいれば、みんなの中でのアイデンティティとか自分の役割認識とか、求めるものが異なる。チームの中で強くなって自分の居場所が得られることに満足を見出す人もいよう。

ゲームではなく、ずっと動画を見続けている人もいる。

それぞれ求めているものが違っているようにも感じられる。

課金の弊害

オンラインゲームの中には、ゲームに参加する自分の分身に付けるための装備などに課金されるものも多い。ゲームにのめりこむうちにその支払いが数万円にものぼり、親のクレジットを勝手につかうなど、ギャンブル依存に近い状態になる人も多い。

ある意味、ひとつの社会問題とも言えそうだ。

男の子のはまるゲーム、女の子のはまるゲーム

男の子は、MMORPG（マッシブリー・マルチプレイヤー・オンライン・ロールプレイイング・ゲーム）にはまることが多い。仲間とチームを組み、モンスターと戦う。新しい世界を冒険する。敵を倒したり、アイテムを購入したりして自分のキャラクターを強化できる。

FPS（ファーストパーソン・シューティングゲーム）チームでなく、一人で戦うシューティングゲーム。架空の戦場が舞台だが、銃やそのほかの武器を使用して敵チームと戦う。勝敗成績や勝率ランキングを競い合うゲーム。やはり男の子がはまる。

女の子は、庭を造ったり、ペットを育てるとか、のんびり進められるゲームにはまることが多い。クラゲを育てるなどというのもある。クラゲにお洋服を着せて……。

はまる人と、はまらない人の違いは

こうしてゲームにはまる人と、はまらない人との違いは何かあるのだろうか。久里浜医療センターでも、心理検査などを行っていて、重複障害の有無を調べているところである。

海外の研究では、「ADHD(多動性症候群)の人が多い」などと言われているが、いまのところはっきりしたことはわかっていない。

ネット依存からの回復とは

治療という観点から見ると、「ネット依存」はどちらかというと「摂食障害」に近い。

「アルコール依存症」の治療には、「断酒」――完全に酒を断つ。しかし「ネット依存」の回復には、「節ネット」をめざす。

ネットはアルコールと違って、この先ずっと付き合って行かなければならない。仕事をするにしても、社会生活を送るうえでも欠かせなくなっている。

最近は大学でも、入学すると必ずパソコンを購入し、ネットで休校の連絡からレポートの提出まで行うのが一般的になっている。したがって、ネットとはずっと上手に付き合っていかなければならない。

うまく付き合っていくにはどうすればいいか。

摂食障害であっても、食べ物はずっと食べていかなければならないように、ネットを適度にうまく使えるように、自分の道具としてうまくコントロール出来るようになることが、目指すところ。

「まずは使用時間を減らしていくこと」と、三原先生はしめくくられた。

あとがき

平成25年12月7日0時20分でした。全断連の多くの会員たちが見守る中、衆議院本会議で「アルコール健康障害対策基本法」が満場一致で可決成立しました。

全日本断酒連盟結成記念大会の共同宣言から数えて50年、アルコール問題議員懇談会の発足から26年の歳月を経てのことでした。

この法律は、「お酒は私たちの生活に豊かさと潤いを与えるものである一方、不適切な飲酒はアルコール健康障害の原因となり、さらにアルコール健康障害は、本人の健康の問題であるのみならず、家族への深刻な影響や、飲酒運転、暴力、虐待、自殺などのさまざまな社会問題にも密接に関連します。」また、「アルコール依存症患者の社会復帰や、その家族の支援のために必要な施策を講じることとします。」というものです。（一部内閣府ホームページより引用）

それでもいまだに日本の多くの人には、アルコール依存症に対する正しい認識はほとんどないのではないかと思われてなりません。

アルコール依存症者に対して、『意志が弱い』『酔って暴力をふるったり他人に迷惑をかける』などと決めつけたりします。しかしアルコール依存症は、意志や性格には関係なく、誰もがかかる可能性のある「病気」です。

アルコール依存症は体をむしばむだけでなく、人から理性を奪い、限りなく心を破壊していく病気です。いったんこの病気になってしまうと、飲酒をコントロールすることができなくなり、現代の医学では完治は困難です。一生くりかえし襲ってくる飲酒欲求との戦いで、「酒を断って」新しい人生を生きていかなければなりません。

私は縁があって全日本断酒連盟の事務局に勤務する機会を得ました。そして、アルコール依存症から回復した方々を大勢見てきました。飲まない人生を選択したアルコール依存症者とご家族の生きざまに触れました。人が生きていくために何が必要で大切なのか、生きがいと喜びがどこから来るのかを学ばせていただきました。

そしてそこから、私自身がたくさんの気づきをいただき、自らの生き方へのみちびきをもらったのです。

断酒会は「酒をやめる」だけの会ではありません。断酒会は大きな社会資源であり、社会に貢献できる存在であることを知っていただきたいと思います。断酒会の人たちが今の社会に何を求め、何を伝えたいのかを広く一般の方にお伝えしたいと願っています。

私が社団法人全日本断酒連盟とご縁をいただいてから15年近くになります。むかし単に社団法人であった全断連の名刺をお渡しすると、「あなたアル中?」と言われたことを鮮明に覚えています。

それが公益法人に変わってからは、「ほう、公益法人ですか」などの言葉が返ってきました。断酒会の中身は何も変わっていないのに……。

実は「自分の思いを一冊に書いてみたい」と思い立ってから、六年の歳月が流れてしまいました。その間に、「飲酒運転」「自殺予防とアルコール」などという言葉とともに「依存症」の問題がクローズアップされるようになりました。私自身も欲が出てきて、断酒会を中心に「依存」について私なりの視点から書いてみたいと思うようになり、この本をまとめました。

過日、職業心理学者の木村周先生とご一緒する機会があり、私が公益社団法人全日本断酒連盟の事務局に勤務していたことを申し上げると、「なぜそこに就職したのですか」とご質問をいただきました。「ハローワークの求人です」「それだけですか？」と突っ込んで来られる。「実はクランボルツの言葉のとおり、プランドハップンスタンス、その偶然が必然となり、私自身が断酒会のおかげで生きづらさから抜けだせました」と答えると、「それでよくわかります」とおっしゃったことが強い印象として残っています。

これまで生きてきて、人間関係に悩まなかった方など皆無でしょう。家族の関係で傷つき苦しんだ方も多いと思います。その方々にとってもアルコール依存から脱出してこられた方々の軌跡は、問題解決へのヒントにつながるように思えます。

この本の誕生のきっかけをくださった坂巻美和子さんに感謝いたします。そして多くのみなさまのお力をいただいて、本著『依存症からの脱出　酒を断つ！　そこにある苦しみと　喜びと――』が編み上がりました。忙しい中

8人の方々にもご執筆いただき、3人の方にお話を伺って書かせていただきました。ご協力いただきました皆様に心からお礼を申し上げます。

そして断酒会で出会った多くの方々の体験談こそが、この本の誕生につながったのです。ありがとうございました。

〈アルコール依存症関連　自助グループ〉紹介

公益社団法人全日本断酒連盟
アルコール依存症の本人のための自助グループ
〒101-0032 東京都千代田区岩本町3-2-2
　エスコート神田岩本町101号
TEL:03-3863-1600　FAX：03-3863-1691

アルコホーリクス・アノニマス
（Alcoholics Anonymous）アルコール依存症の本人のための自助グループ
〒171-0014 東京都豊島区池袋4-17-10
　土屋ビル3F
TEL:03-3590-5377

Al-Anon アラノン
アルコール依存症の家族のための自助グループ
アラノンジャパンGSO（日本アラノン本部）
〒145-0071 東京都大田区田園調布2-9-21
TEL：03-5483-3313

直江文子（なおえ あやこ）
長年にわたり人材派遣会社に勤務。管理部門にて派遣スタッフの採用・研修・人材育成に携わる。その後、公益社団法人全日本断酒連盟の事務局に約13年勤務。平成25年株式会社彩人材教育を設立、代表取締役。メンタルヘルス・依存症・ビジネスマナー等のテーマの研修活動を行うほか、執筆・講演活動に活躍中。

GCDF-JAPANキャリアカウンセラー
２級キャリアコンサルティング技能士（国家資格）
産業カウンセラー（一般社団法人日本産業カウンセラー協会）
メンタルヘルス教育トレーナー（中央災害防止協会）

依存症からの脱出
酒を断つ！ そこにある苦しみと 喜びと――

平成27年5月10日発行
平成27年5月25日第2刷
平成27年7月1日第3刷
著者 / 直江文子
発行者 / 今井恒雄
発行 / 北辰堂出版株式会社
〒162-0801 東京都新宿区山吹町364 SYビル
TEL:03-3269-8131 FAX:03-3269-8140
http://www.hokushindo.com/
印刷製本 / 勇進印刷株式会社

ISBN 978-4-86427-186-8 定価はカバーに表記